KB269316

성공한 프로젝트, 플래닝 이야기

숲 속의 경주

티모시 L. 존슨 지음 • 송경근 옮김

HANEON.COM

성공한 프로젝트, 플래닝 이야기

숲 속의 경주

펴   냄   2007년 1월 1일 1판 1쇄 박음 • 2007년 1월 5일 1판 1쇄 펴냄
지 은 이   티모시 L. 존슨
옮 긴 이   송경근
펴 낸 이   김철종
펴 낸 곳   (주)한언
            등록번호 제1−128호 / 등록일자 1983. 9. 30
주   소   서울시 마포구 신수동 63−14 구 프라자 6층(우 121−854)
            TEL. 02·701·6616(대) / FAX. 02·701·4449
책임편집   양춘미 cmyang@haneon.com
디 자 인   양진규 jkyang@haneon.com
홈페이지   www.haneon.com
e − m a i l   haneon@haneon.com
            이 책의 무단전재 및 복제를 금합니다.
            잘못 만들어진 책은 구입하신 서점에서 바꾸어 드립니다.
            ISBN 978−89−5596−397−7 03320

성공한 프로젝트, 플래닝 이야기

숲 속의 경주

Race Through The Forest

: A project Management Fable by Timothy Johnson

프로젝트 성공의

기쁨을 느껴보세요

TO.

....

FROM.

....

경주 시작

한번은 누군가 저에게 이렇게 물었습니다. "당신이 가르치는 데 사용하는 가장 강력한 도구는 무엇인가요?" 저는 잠시 고민했습니다. 만약 하나의 기술, 또는 한 번의 연습이나 접근방법을 사용해야 한다면 과연 나는 무엇을 사용할지 말이죠. 처음에는 이 질문이 다소 수사학(rhetorical)이며 무의미하다고 생각했어요. 왜냐면 저는 어떠한 상황이든지 적합하게 사용할 수 있는 다양한 기술이나 접근방법을 가르치고 훈련시키는 사람, 즉 컨설턴트이기 때문입니다. 그리고 많은 사람들의 멘토로서 성공적인 삶을 살고 있었거든요. 그 일이 있고 며칠이 지났지만 여전히 전 그 질문에 대해 생각하고 있었죠. 그러다 제가 가르치는 데 있어서 두드러지게 사용하는 방법이 하나 있다는 것을 깨닫게 되었습니다. 그것은 바로 '이야기(Stories)'였습니다.

스토리텔링*Story-telling*은 많은 사람들이 흔히 사용하는 방법입니다. 아무리 냉철하고 논리적인 사람도 좋은 이야기에는 감동을 받을 수 있거든요. 이야기는 시간과 장소에 구애 받지 않고 상상의 나래를 펼 수 있도록 해줍니다. 또한 이야기를 통해 '누군가와 같은 방향으로 걷고 있구나, 같은 길을 여행하고 있구나'라고 느낄 수도 있습니다.

저는 수년간 프로젝트 관리에 대한 책을 쓰려고 했습니다. 하지만 어떻게 하면 프로젝트 관리에 대해 궁금해하는 독자들에게 참신한 메시지를 제공할 것인지 그 방법을 찾지 못하고 있었죠. 그러다 다음과 같은 목표를 가지고 스토리텔링을 이용하면 효과적으로 메시지를 전달할 수 있을 거라는 생각이 들더군요. 그리고 얼마 뒤, 저의 생각에 확신을 갖게 되었습니다.

- 다양한 사례를 들어서 다른 프로젝트 관리자들도 "아 그래, 나도 똑같은 경험이 있어"라는 감탄이 나오도록 하자.
- 새로운 프로젝트 팀원에게는 프로젝트 관리에서 생길 수 있는 함정 또는 성공사례를 소개하면서 그를 '프로젝트 관리'라는 새로운 영역으로 안내하자.
- 지난 20년 동안 직간접으로 경험했던 프로젝트의 성공과 실패를 다른 사람들이 학습할 수 있도록 '최고의 관례(best practices)'를 만들자.
- 독자들에게 유머와 풍자가 가미된 격조 높은 웃음을 제공하자.

자, 그러면 여러분의 귀중한 시간을 왜 이 책을 읽는 데 투자를 해야 하는지 설명하겠습니다. 지금부터 여러분께 몇 가지 질문을 드리겠습니다.

- 당신의 프로젝트는 시간에 맞춰, 주어진 예산을 초과하지 않고, 약속한 모든 업무를 성공적으로 완료합니까?
- 당신의 프로젝트는 실행기간 동안에 참여하는 모든 팀원이 문제없이 따라갈 수 있도록 필요한 부분을 사전에 명확하게 정의하고 그 범위를 정해두었습니까?
- 프로젝트 팀(프로젝트 관리자, 기술 분야 전문가 등이 포함된)에 적절한 인력이 배정되었으며, 기량을 갖춘 사람들이 필요하면 즉시 투입이 가능합니까?
- 당신의 회사는 프로젝트를 회사의 전략과 비전에 중요한 활동으로 간주하고 성공적인 기획과 마무리를 위해 적극적으로 지원하고 있습니까?

만약에 위 질문에 하나라도 "아니오"라는 대답을 하셨다면, 당신에게 이 책을 읽을 것을 강력하게 권유합니다. 예측컨대 당신은 이 책을 읽는 동안 자신의 프로젝트나 조직에 적용할 수 있는 적어도 하나 이상의 "아하!" 하는 순간(확실한 아이디어를 얻는 순간)이 있을 겁니다. 당신은 이 책을 통해 그동안 자신이 어느 정도로 프로젝트를 수행했는지도 확인할 수 있습니다. 그리고 프로젝트 관리에 대해 배우고자 하는 사람에게 '이런 방법을 사용하는 건 어떤 방법을 사용하는 건 어떤 때?'라고 말할 수 있는 기회로 이 책을 활용하기를 바랍니다. 어떤 이유에서든 이 책을 선택하셨다면, 숲에서 이루어지는 경주를 맘껏 즐기시길 바랍니다.

티모시 L. 존슨 Timothy L. Johnson

'숲 속의 경주' 참관자들에게

어떤 경주에 참가하여 좋은 성과를 얻으려는 사람은 경주의 성격과 의미, 관련된 각종 규칙, 개최 장소, 참가자들의 특징, 그리고 준비물 등을 알아야 한다. 마찬가지로 '숲 속의 경주'에 초대된 독자 여러분들도 미리 알아야 할 내용들이 있다. 바로 '프로젝트란 무엇인가? 프로젝트 관리란 무엇인가? 프로젝트 관리자의 역할은 무엇인가?'이다.

프로젝트란 무엇인가?(프로젝트 정의)

프로젝트는 일정한 기간 내에 독특한 제품이나 서비스 혹은 결과를 창출하기 위해 노력하는 것으로 다음과 같은 세 가지 속성이 있다.

첫째, '일정한 기간'을 가진다. 계속해서 진행하는 업무가 아니기 때문에 '일시적(temporary)'이라고도 말한다. 그러므로 모든 프로젝트에는 시작과 끝이 있다. 일시적이라고 해서 짧은 기간만을 의미하지는 않는다. 보통 며칠 또는 몇 주가 걸리고, 길게는 수 년, 수십 년이 걸리기도 한다. 일반적으로 프로젝트의 끝은 처음 설정했던 목표를 달성했거나, 아니면 목표를 달성하지 못했을 때를 말한다. 또는 목표달성이 불가능하다는 것이 확실해져서 종료시킨 경우나, 시작 당시의 프로젝트 요구사항이 사라져버린 경우에도 프로젝트는 끝이 난다. 따라서 '일정한 기간'이란 프로젝트에 소요되는 기간을 의미한다. 다시 말해 프로젝트가 만들어내는 제품, 서비스, 혹은 결과의 수명주기와는 상관이 없다. 제품이나 서비스 혹은 결과의 수명주기는 천

차만별이기 때문이다.

둘째, '독특한 제품이나 서비스 혹은 결과 창출'을 목표로 한다. 이것은 영어회화 실력 향상이나 건강한 신체 만들기 등의 개인 차원에서부터 신제품을 시장에 출시하기 위한 제품개발, 생산역량을 높이기 위한 생산 공정혁신, 컴퓨터와 통신기술을 활용한 새로운 정보전략 수립 등의 조직 차원이 있다. 그뿐만 아니라 대국민 서비스를 증진시키기 위한 정부혁신이나 댐 건설 등의 국가 차원까지 내용이 매우 다양하다. 그렇다면 '독특한'의 의미는 무엇일까? 우리 주변에는 비슷한 사람이 있지만 똑같은 사람은 없다. 그처럼 일반적으로 유사한 제품이나 서비스, 결과는 있을지 모르지만 프로젝트에서는 똑같은 제품, 서비스, 결과는 없다는 뜻이다.

셋째, '일시적'과 '독특한'이라는 개념에 수반되는 '점진적 정교함(progressive elaboration)'이다. 프로젝트 시작 단계에서는 모든 것들이 다소 추상적이고 개념적이다. 하지만 단계별로 진행하다 보면 점차 구체화되고, 명확해지며 확실해진다. 이런 속성을 말하는 것이 점진적 정교함이다. 이를테면 어떤 물체를 멀리서 바라보면 전체적인 윤곽만 보이지 않는가! 하지만 점점 가까이 다가가면 보다 구체적이고 명확하게 보인다. 이와 같이 프로젝트가 진행되면 활동은 점점 명확해지고 구체화되기 시작한다. 그러므로 종료단계에서는 모든 것이 확실해진다.

프로젝트 관리란?(프로젝트 관리의 의미)

프로젝트 관리는 '프로젝트의 요구사항을 충족시키기 위해 각종 지식과 기량, 도구와 기법들을 프로젝트 활동에 적용하는 것'을 의미한다. 프로젝트 관리를 성공적으로 하기 위해서는 프로젝트 관리 프로세스와 프로젝트 관리에 포함되어야 하는 내용들을 사전에 알고 있어야 한다.

프로젝트 관리 프로세스는 크게 5단계로 진행된다. 프로젝트를 정의하고 공식화하는 시작 단계(initiating), 프로젝트의 목표와 범위를 정의하고, 그것을 달성하기 위해 일련의 활동들을 계획하는 계획 단계(planning), 프로젝트 관리 계획을 실행하기 위해 사람과 각종 자원들을 투입하고 통합시키는 실행 단계(executing), 프로젝트 관리 계획에서 벗어났는지의 여부를 정기적으로 측정, 점검하여 프로 젝트 목표달성을 위해 시정조치를 취하는 통제 단계 (controlling), 그리고 프로젝트의 최종 산출물인 제품이나 서비스 혹은 결과를 공식적으로 수용하고 종료시키는 종 료 단계(closing)로 나눠진다.

● 프로젝트 관리 프로세스

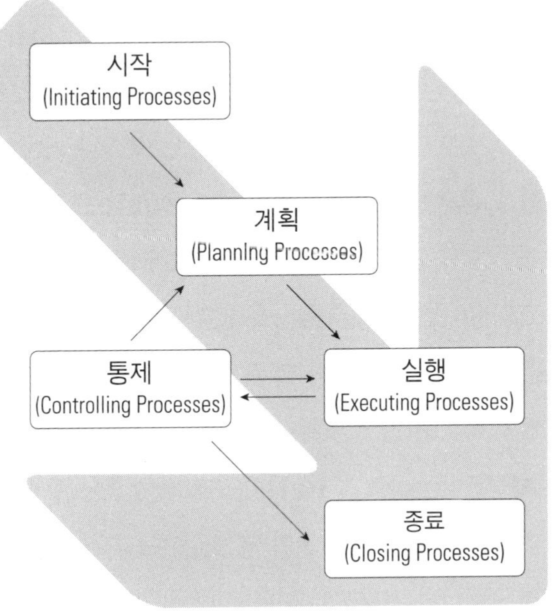

　프로젝트 관리에는 명확한 목표, 프로젝트의 요구사항, 품질, 범위, 시간과 비용 간의 적절한 균형 유지, 다양한 이해관계자들의 관심과 기대치를 충족시키는 계획과 접근 방식도 포함되어야 한다.

프로젝트 관리자의 역할

　프로젝트의 목표달성을 책임지는 사람이 프로젝트 관리자다. 프로젝트의 목표가 달성되었다는 것은 독특한 제품이나 서비스 혹은 결과를 일정한 기간 안에 정해둔 예산에 맞춰서 종료되었음을 의미한다. 프로젝트 관리자는 목표달성을 위해 경쟁관계에 있는 프로젝트 요구사항들 간의 '3중 제약요인(범위, 시간, 비용)'을 인식하고 관리해야 한다. 범위가 변경되면 시간과 비용이 영향을 받고, 주어진 시간이 달라지면 범위와 비용이 영향을 받고, 비용이 달라지면 범위와 시간이 영향을 받는다. 이처럼 범위, 시간, 비용 세 가지는 상호 연관관계를 맺고 영향을 주기 때문에 프로젝트 관리자는 세 가지 경쟁요인들 간에 적절한 균형을 추구해야만 프로젝트 목표를 달성할 수 있다.

또한 프로젝트 관리자는 불확실성에 대응해야 프로젝트를 성공시킬 수 있다. 프로젝트 실행과정에서 어떤 일이 발생할 경우 긍정적이건 부정적이건 프로젝트의 목표달성에 영향을 미치게 된다. 그러므로 불확실한 사건이나 조건, 즉 위험(risk)을 사전에 파악하고 능동적으로 관리해야 한다.

하나컨설팅그룹대표

송경근

CONTENTS

FOREST INDUSTRIES

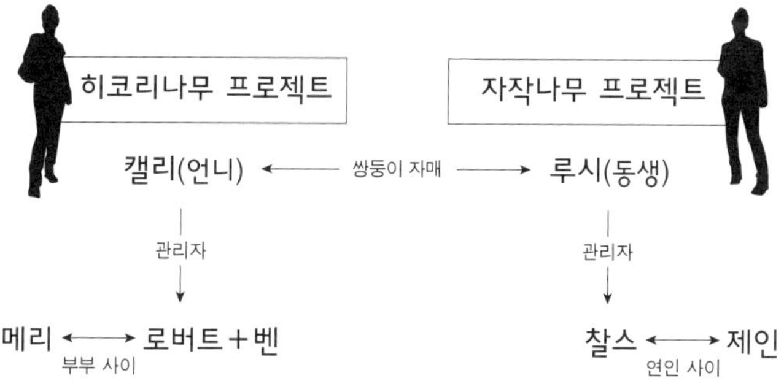

캘리 : 쌍둥이 자매 중 언니

　　원하는 관리자상 – 세밀하고 신중한 사람

루시 : 쌍둥이 자매 중 동생

　　원하는 관리자상 – 성공의 전력만을 가진 사람

로버트 : 꼼꼼한 회계원, 소심한 듯 차분한 성격의 소유자

찰스 : 우수 판매원, 역동적이고 자신감 넘치는 사람

벤 : 로버트의 멘토, 프로젝트 관리의 전문가

*히코리 *Hickory*나무 : 북미산 호두나무과의 나무

쌍둥이 CEO, 내기를 하다

CHAPTER 01

"언니 때문에 너무 피곤해, 이젠 그 원칙주의 태도에 진절머리가 난다고!"

루시는 신경질적으로 캘리에게 소리쳤다. 그녀는 자신의 감정을 절대 숨기지 않았다. 이날 역시 자신의 쌍둥이 언니 캘리에게 화를 내고 있었다. 루시는 원래부터 쉽게 흥분하는 성격이다. 특히 언니와 대화할 때면 더욱 심해지곤 했다. 심지어 폭발하기 직전까지 화를 낼 때도 있었다. 캘리는 그런 동생을 늘 재미있어하며 이렇게 부르곤한다.

"사랑하는 내 동생아~"

루시는 그렇게 장난스럽게 자신을 부르는 언니가 여간 마음에 들지 않았다. 모든 자매들이 많이 싸우긴 하지만, 이 쌍둥이 자매는 만나기만 하면 서로를 잡아먹을 듯이 달려들었다. 쌍둥이라 하기에 둘의 성격은 판이했고, 서로의 가진 생각이나 의견에 전혀 동의하지 않았다. 그래서 루시는 늘 언니의 말이 끝나기가 무섭게 빈정대기 일쑤였다.

"음~ 오늘은 아주 오만한 모습으로 등장하셨네, 이런 모습을 보게 되다니 운이 좋은걸?"

"비꼬는 말은 그만해, 루시. 나는 **'천천히 착실하게 노력한 거북이가 결국 경주에서 이긴다'** 는 말이 단순히 이야기 속에서 끝나는 게 아니라고 말하는 것뿐이야. 이것은 당연한 원칙이며 또 모두가 갈망하는 보편적 진리 같은 거야."

캘리는 차분히 또박또박 설명했다. 이미 여동생의 말투에 익숙해진 듯 말이다.

CHAPTER 1

자신에게 굽힘없이 단호하게 말하는 언니를 보면서 루시는 약이 바짝 올랐다. 그리고 발을 구르면서 언성을 높였다. 그녀가 발을 구르는 행동은 상대와 의견이 맞지 않다는 것을 나타내는 그녀의 습관이기도 하다. 자그마치 60년 동안 그 방법을 사용해왔으니 캘리 역시 동생이 크게 흥분한 상태임을 짐작하고도 남았다.

"쳇, 세상이 얼마나 빠르게 변하는 줄 알아? 언니처럼 '천천히 하라'는 말이 얼마나 도움이 되겠어? 그 정도로 시간이 남는 사람이 어디에 있단 말이야? 겪어봐서 알잖아? 착실하긴 하지만 느린 사람은 결과적으로 큰 성과를 내지 못했어. **성공은 성공을 낳는다고!** 아이비리그 출신, 미식축구팀의 주장, 여학생 총 동아리 회장 또는 엄청난 돈을 상속받은 사람은 결국 성공하게 되어 있어.

"그래, 루시, 나는 '천천히'라는 말이 요즘같이 치열한 비즈니스 현장에서는 더 이상 통하지 않다는 것에 동의해. 그리고 착실한 사람이 모두 성공하는 것은 아니라는 것에도 말이야. 하지만 그 대신 '신중하게' 혹은 '집중해서'라는 말은 하잖니? 그 이유가 뭐겠어? 네가 생각하는 것은 일부라고. 오로지 성과만을 판단한 것뿐, 그 이상도 아니야."

"오호, 그래? 그럼 내가 증명해주지. 언니가 틀렸다는 것을 반드시 밝혀줄 테야. 우리 내기할까? 언니가 틀린 것뿐만 아니라 정확하게 얼마나 틀렸는지도 알려주지. 아마 엄청난 결과에 놀라게 될 거야."

루시는 마치 내기에 이기기라도 한 듯이 웃어댔다.

그런 동생을 보면서 캘리도 미소 지었다. 그녀는 동생에게 당근을 주거나 채찍을 사용하여 알려주는 것보다 스스로 틀렸다고 인정하게끔 만드는 것을 더 좋아했다. 이번이 그러한 기회가 될 것 같아 흔쾌히 대답했다.

"내기를 하자고? 자신 있는 거야? 루시, 이번에는 무엇을 잃고 싶어서 그러니?"

능글맞게 말하는 캘리가 맘에 안 드는지 루시는 크게 콧방귀를 뀌며 말했다.

"내기의 결과가 나오기도 전에 너무 자신만만하신데? 그래, 회사의 프로젝트를 진행하자. 우리가 하는 것이 아니라 직원 중 한 명을 선정하여 관리자로 임명하는 거야. 어때? 물론 나는 성공의 길만을 걸어온 사람을 찾을 거야.

CHAPTER 1

언니는 착실하고 모범생 같은 직원을 선택하시겠지? 뭐, 결과로 증명될 테니 말이야. 이거 확실한 내기가 되지 않겠어?"

"음… 좋아, 무슨 말인지 알겠어. 하지만 너무 과도하게 승부에 매달리지 말자. 서로가 각자의 프로젝트 관리자를 선임하면 되는 거지?"

"그래, 간단하잖아?"

"그렇다면 현재 우리 각자에게 맡겨진 프로젝트를 진행시키도록 하는 건 어때?"

자매는 포리스트 인더스트리*Forest Industries*라는 목제품 제조회사의 공동CEO로 있다. 할아버지가 처음 북서부 지방에 회사를 창립한 지 거의 100주년이 되어간다. 아버지가 35년 전에 돌아가신 후부터 두 자매가 회사의 경영을 맡고 있다. 루시가 먼저 언니에게 제안했다.

"엇비슷한 규모의 프로젝트가 좋겠지? 결과가 어떻게 되든지 뒷말이 없으려면 말이야. 나도 정정당당하게 이기는 게 좋거든."

"동감이야. 넌 어떤 프로젝트가 좋다고 생각해?"

"소나무 프로젝트(Project Pine)와 참나무 프로젝트(Project Oak) 어때?"

캘리는 루시의 제안을 듣고 잠시 생각에 잠겼다. 순간 침묵이 흘렀고, 뭔가 굳은 결심을 한 듯이 그녀가 말했다.

"히코리나무 프로젝트(Project Hickory)와 자작나무 프로젝트(Project Birch)는 어때?"

거만한 모습으로 의자에 앉아 있던 루시는 깜짝 놀라며 벌떡 일어났다.

"뭐? 지금 제정신이야? 그건 우리가 맡고 있는 가장 큰 프로젝트야!"

"왜, 무섭니? 어차피 넌 도전을 좋아하잖니?"

히코리나무와 자작나무 프로젝트는 회사 내에서도 가장 큰 프로젝트였다. 포리스트 인더스트리는 목제품 회사치고는 꽤 큰 기업이었다. 예상하지 못한 아버지의 죽음 때문에 두 자매 역시 갑작스럽게 업무에 뛰어들었고, 경제불황과 환경규제 등 많은 어려움에도 부딪혔다. 그러면서 그들은 제품 라인을 잘 아는 전문가에게 의존하며 일을 배웠다. 그리하여 지금은 빈틈없이 업무를 처리하게 되었고,

CHAPTER 1

커리어우먼의 입지도 단단히 굳혔다.

21세기에 돌입하면서 사고의 전환이 필요했다. 단순히 제품을 시장으로 밀어내서는 되지 않았다. 고객의 욕구를 충족시키고, 지속적으로 품질개선에도 힘써야 했다. 그러면서 무엇보다 회사의 이윤창출이 중요시되었다. 따라서 큰 성과를 내기 위해 얼마나 전략적으로 프로젝트를 관리하느냐가 관건이었다. 그러므로 히코리나무와 자작나무 프로젝트는 내기로 사용하기에 가장 적절하면서도 위험한 것이 아닐 수 없었다. 루시도 그 위험을 예측했는지 굳어진 표정으로 침을 삼키며 말했다.

"언니가 내기에 응한 거야. 알겠지?"

두 명의 프로젝트 초보관리자

CHAPTER 02

　로버트는 누구에게도 화를 내지 않는 착하기로 소문난 사람이다. 그가 가장 싫어하는 것이 남을 공격하면서 이야기 흐름을 딱 끊어버리는 행동이었으니 그럴 만도 하다. 그는 어떤 문제가 있더라도 좋게 해결하려고 노력했다. 화를 내기보다는 답답할 정도로 신중하게 고민한 뒤에 말했다. 그런 차분한 성격 덕분에 그는 15년간이나 포리스트 인더스트리의 회계 담당관리자로 있을 수 있었다.

그런데 왜 갑자기 캘리가 자신을 7층의 임원실로 부르는 것인지 알 길이 없었다. 혹시 인원감축을 핑계로 자신을 내치려는 것은 아닌지 마음이 조마조마했다. 떨리는 양손을 비비며 문 앞에 서서 비서의 눈치를 살폈다. 의외로 비서는 로버트를 보더니 반갑게 웃으며 말했다.

"이사님께서 기다리고 계십니다."

천천히 문이 열리고 거대한 마호가니 책상 너머에 캘리가 두 팔을 벌리며 벌떡 일어서서 큰소리로 외쳤다.

"로버트!"

순간 그는 캘리의 환영에 움찔 놀랐다. 그런 그에게 다가가서 악수를 청하며 캘리가 말했다.

"오, 로버트. 오늘 저에게 시간을 내주셔서 매우 감사해요. 저는 이번에 매우 중요한 프로젝트를 맡게 되었는데, 그 일의 적임자가 바로 당신이라고 생각합니다."

로버트는 몹시 당황한 표정으로 대답조차 못하고 있었다. 캘리는 그를 보며 자신에 찬 표정으로 말했다.

"걱정하지 마세요. 당신이 회계 부문에서 기막히게 업

무를 잘하고 있단 걸 익히 들어 알고 있어요. 당신의 상사와 부하들은 매번 놀라울 정도로 정확한 당신의 보고서를 극찬했습니다. 저 역시 이번 프로젝트를 신중하게 고려한 뒤 당신에게 제안하는 것이고요."

그제야 로버트는 굳어진 얼굴을 펴고 안도의 한숨을 내쉬며 말했다.

"아, 그렇군요. 감사합니다. 하지만 저는 여전히 이 프로젝트가 어떤 일인지 모르는 상태입니다 머릿속이 매우 혼란스럽군요. 어딘지 음모가 있을 듯한 기분이 드는 건 왜죠?"

캘리는 머리를 뒤로 쓸어 넘기며 말했다.

"그래요, 의문을 가지는 것이 당연합니다. 그래서 단도직입적으로 말씀드리죠. 이곳 포리스트 인더스트리에서 매우 중요한 프로젝트를 진행하게 되었어요. 그 적임자가 필요했습니다. **세밀하고 신중하게 일을 진행할 사람** 말입니다. 그래서 이 회사의 수많은 직원들을 차근차근 살펴보았죠. 얼마 후, 당신이 바로 적임자라고 확신하게 되었어요."

로버트는 어찌해야 할지 모른 채 쭈뼛대며 한참을 서 있었다. 그러다가 더듬거리며 입을 열었다.

"이것 참, 저를 그렇게까지 생각해주셨다니 매우 감사합니다. 하지만 전 이런 프로젝트를 관리해본 경험이 없습니다. 저는 단순한 회계원일 뿐입니다. 그저 숫자만을 다루는 사람이란 말이죠."

"로버트, 대체 무슨 소리예요! 당신은 모두가 놀랄 정도로 완벽하게 해낼 거예요. 히코리나무 프로젝트는 당신이 필요해요. 바로 당신과 같은 사람이 리더가 되어 진행해야 한다고요. 제가 당신의 스폰서가 되겠어요. 당신이 프로젝트를 성공적으로 끝낼 수 있도록 무엇이든지 지원하겠어요. 우리는 한 팀이 되어 꼭 성공할 수 있을 겁니다."

확고한 캘리의 말에 로버트는 이번 일이 인생에서 특별한 기회가 될지도 모른다는 생각이 들었다. 이것은 매우 명예로운 일이었다. 그저 쏟아지는 숫자를 끌어모아 매일 보고서를 만드는 일상의 업무와는 차원이 다르겠다고 생각했다. 어떻게 프로젝트가 진행될지 물어보기로 했다.

"마감시한이 언제입니까? 또 예산은 어느 정도이죠? 그리고 이 프로젝트에 저를 제외한 다른 사람도 투입이 됩니까?"

CHAPTER 2

"역시 당신은 나의 기대를 져버리지 않네요. 당신의 질문은 매우 훌륭합니다. 우리는 그 프로젝트를 4/4분기가 시작되기 전인 9월 31일까지 끝내야 합니다. 그리고 어느 정도의 예산이 소요되는지는 당신이 저에게 알려주는 것이 더욱 좋겠네요. 저도 어느 정도 예산 범위를 생각하고 있지만 당신의 의견을 듣는 것이 더 바람직하다고 생각해요. 이것은 당신의 프로젝트입니다. 당신이 주체가 되어 진행해주길 바랍니다."

로버트는 캘리의 말이 끝나자 조심스럽게 물었다.

"제가 한번도 프로젝트 관리를 해본 적이 없다는 것을 알고 있죠? 조금이라도 마음에 걸리지 않나요? 당신의 말처럼 히코리나무 프로젝트가 그렇게 중요하다면서, 왜 경험도 없는 저에게 이 일을 맡기는 것입니까?"

"루시와 제가 이 회사를 맡고 처음에는 제품 질에 대해서만 많은 신경을 썼었죠. 지난 수년 동안 그렇게 신경을 쓰다 보니 전체적인 프로젝트는 망가지고 있었어요. 거의 모든 프로젝트가 납기일을 넘기고, 예산은 초과되었으며, 처음 계획한 목표에 못 미치기 일쑤였죠. 그러면서도 모두 변명만 일삼고 어느 누구도 책임지려 하지 않았어요. 저는 새로운 사람과 새로운 생각이 필요합니다. 프로젝트 관리의 혁신을 꿈꾸고 있어요. 그래서 가장 상위에 있는 프로젝트를 새로운 인재에게 맡기려고 합니다. 로버트, 도와주지 않겠어요?”

로버트는 그녀의 말을 들으면서 어쩌면 자신이 프로젝트 관리의 새로운 인재가 될 수 있을 것 같았다. 하지만 여전히 혼자의 힘으로는 부족하다 느껴져 물었다.

“회사 내에 프로젝트를 많이 관리해본 사람이 있습니까? 그러니까 저를 도와줄 누군가가 말입니다.”

짧은 한숨을 내쉰 캘리는 다시 한번 자신의 머리를 뒤로 쓸어 넘겼다.

“그래요, 도와줄 사람이 한 명 있어요. 몇 년 전, 루시와 전 프로젝트 관리를 위해 다른 회사의 유능한 관리자를 모셔왔어요. 저희는 실질적으로 무엇을 해야 하는지 제대로 알지 못했거든요. 모셔온 두 명의 관리자는 자격증도 있었으며 경험과 지식도 풍부했죠. 바로 벤과 다트였습니다.”

순간 로버트의 표정은 다시 굳어졌고 캘리는 안타까움

CHAPTER 2

이 깃든 모습으로 말을 이었다.

"불행하게도 어느 누구도 그들의 말에 귀를 기울이지 않았어요. 심지어 그들을 데려온 저희들도요. 그들의 충고를 진심으로 받아들이지 않았습니다. 대부분 사람들은 벤과 다트가 가지고 있는 지식은 이론적인 것에 불과하다며 그들을 무시했어요. 프로젝트가 성공하도록 도와주려던 그들의 시도는 매번 실패로 끝났고 둘도 점점 포기하기 시작했죠. 다트는 다른 회사로 옮겼고, 벤은 여전히 우리 회사에 남아 있지만 의욕을 많이 상실한 상태예요. 현재 그는 품질관리 부서의 관리자로 있어요. 벤이 당신에게 도움이 될 것입니다. 저는 그를 당신의 프로젝트에 투입하고 싶습니다."

"아, 그렇군요. 저는 당신이 저에게 주는 모든 도움을 기꺼이 받도록 하겠습니다."

"좋아요, 저의 비서가 프로젝트에 관해 정리한 문서를 전해줄 것입니다. 다음 주 이 시간에 진행상황에 대한 회의를 하도록 하죠."

캘리는 약간 엄숙하고 낮은 목소리로 덧붙였다.

"로버트, 이번 프로젝트로 인해 제가 곤경에 처하지 않도록 도와주십시오. 당신에게 거는 기대가 무척 큽니다."

같은 시간, 포리스트 건물 주차장으로 유럽산 스포츠카가 날쌔게 들어왔다. 능숙하게 주차를 마친 한 남자가 선글라스를 벗으며 차에서 내렸다. 그는 찰스라는 이름의 영업사원이다. 훤칠한 키와 시원스러운 미소를 지닌 호남이라서 부유층 고객들에게 인기가 많았다. 그는 이탈리아산 운전용 가죽 장갑을 벗으며 기다리고 있던 루시에게 악수를 청했다.

"오랜만입니다."

"찰스, 당신은 더 멋있어졌군. 최고야, 정말."

그는 칭찬 받는 것을 쑥쓰러워하지 않는다. 당연하게 여겼고, 더욱 자신감 있는 웃음으로 대응했다. 그는 오늘 자신이 왜 이곳에 불려왔는지 모른다. 하지만 루시를 만나는 것이 자신의 경력에는 플러스가 될 것이라는 계산은 미리 한 후였다.

사무실에 도착한 뒤, 루시가 먼저 말문을 열었다.

"나는 당신의 그 스타일이 마음에 들어. 사슬로 확 잡아

CHAPTER 2

채는 듯한 판매 노하우랄까…. 어때, 이번엔 나의 마음을 확 잡아채주겠어?"

"허허, 이거 당황스러운데? 루시, 농담 그만하고 본론으로 들어갑시다. 무슨 일 때문에 절 불렀죠?"

"역시 당신답군. 난 당신이 프로젝트 하나를 확 잡아채주길 원해. 우리 회사에서 이번에 두 개의 거대한 프로젝트를 진행하려고 해. 언니와 내가 하나씩 맡게 되었지. 그리고 난 당신을 내가 맡은 프로젝트의 관리자로 선정했어. 어때, 이해가 돼?"

전투적인 루시의 제안에 찰스는 귀가 솔깃해졌다. 루시는 계속해서 말을 이어나갔다.

"찰스, 나는 **성공의 전력만을 가진 사람**이 필요해. 그게 당신이라고 확신하고 있고…. 이 프로젝트가 정해진 시간에 예산을 초월하지 않고 끝나기를 바라. 다시 말해서 나의 자작나무 프로젝트가 언니의 프로젝트보다 더 효율적이고 성공적으로 끝나길 원한다고. 언니를 이길 수 있게 날 도와주겠어?"

"하하하, 이미 당신은 절 선택했습니다. 그것만으로도 이 프로젝트는 성공한 것이나 다름없죠."

찰스는 다소 건방지게 웃어댔다. 그런 그에게 좀더 단호하게 루시가 말했다.

"당신이 원하는 것은 무엇이든 해주겠어. 하지만 이 프로젝트의 예산과 마감 일자는 무조건 지켜야 돼. 지난 5년간 당신은 '최고의 판매원'이라는 찬사를 받았어. 하지만 그것으로 만족할 건가? 좀더 나은 삶을 살고 싶지 않아? 다만 이번 프로젝트로 내가 곤경에 처하지 않도록 해준다면 말이야."

'원하는 것은 무엇이든….'

속으로 되뇌며 찰스는 살며시 휘파람을 불었다. 대형 프로젝트와 '원하는 것은 모두'라는 말에 이미 신이 난 상태였다. 그는 책상 맞은편에 걸린 거울에 자신의 모습을 비춰보았다. 잠시 그 모습에 감탄을 하는 표정이더니 넌지시 물었다.

"좋습니다. 하지만 히코리나무 프로젝트와 경쟁한다는데, 이거 속임수에 휘말리는 것 아닌지 모르겠네요. 당신과 캘리는 언제나 내기를 하고 있으니 왠지 당신들의 내기에 내가 놀아나는 건 아닌지…."

CHAPTER 2

"그런 것 신경 쓰지 마! 그냥 당신은 성공시키기만해."

"그렇다면 확실히 물어보죠. 당신의 성공은 저에게 어떤 의미입니까?"

"프로젝트에 집중해서 성공으로 이끌어준다면, 예전에 말했던 승진을 보장하겠어. 영업본부장으로 말이야"

"지금, 본부장이라고 말했습니까?"

승진이라는 말에 찰스는 이성을 잃은 것처럼 보였다. 이미 흥분해서 듣지 않는 찰스에게 루시는 계속해서 말했다.

"프로젝트에 관한 문서는 비서가 가지고 있어. 일주일 후에 프로젝트 진행상황에 대해 회의를 하자고. 난 당신의 프로젝트 후원자야. 다시 한번 말하지만 나를 실망시키면 안 돼!"

루시는 사무실을 빠져니가고 있는 찰스를 바라보며 중얼거렸다.

"프로젝트 성공은 시간 문제군. 캘리, 두고 보라고!"

로버트, 멘토를 만나다

CHAPTER 03

로버트는 지금껏 팀원이 되어 활동해본 적이 없다. 포리스트 인더스트리의 회계업무는 성격상 외로울 수밖에 없다. 그래서 사람들을 팀으로 이끌어서 프로젝트를 완성해야 한다는 자체가 자신을 불안하게 만들었다. 그는 혼자서 진행하고 처리하고 싶다는 생각이 간절했다. 어찌되었든 이제는 멘토를 찾아야만 한다. 그 역시 자신의 한계가 어디까지인지 알고 있었기 때문에 프로젝트 관리는 자신의 한계를 뛰어넘는 일이라 여겼다. 그래서 캘리가 자신에게 벤을 소개해준 것에 내내 감사했다.

그는 벤의 사무실을 찾아갔다. 사무실은 복도의 오른쪽 끝에 있었다. 공장의 소음으로부터 멀리 떨어진 곳이어서 무척 조용했다. 복도를 걷는 동안 그는 몇 년 전의 기억을 떠올렸다. 그 당시 회사에는 프로젝트의 효과적인 관리방법에 대한 세미나가 있었다. 그 세미나를 통해 프로젝트 관리자가 필요하다고 판단한 캘리와 루시는 아이비리그 출신 최고의 컨설턴트를 고용했다. 그들이 바로 벤과 다트였다. 그들은 프로젝트 관리의 중요성에 대해 눈물겹게 주장했다. 하지만 회사 내 반응은 냉담했다. 물론 성공한 사례도 있었지만 거의 대부분 실패였다. 그들은 점점 지쳤고, 회사에 대한 실망은 눈덩이처럼 쌓여갔다. 결국 다트는 회사를 떠났다. 벤은 남았지만 회사의 프로젝트 지원 부서가 해체되었기 때문에 마지못해 품질관리 부서의 관리자를 맡게 되었다.

CHAPTER 3

"당신 뭐야! 왜 여기서 얼쩡거리는 거야!"

고함 소리에 움찔 놀란 로버트는 더듬거리며 말했다.

"아…예…여기에서 어떤…도움을 받으려고…."

남자는 키가 큰 편이었고 피곤에 지친, 매우 수척한 모습이었다. 낯선 사람의 방문이 달갑지 않다는 기색이 역력했다. 더욱 기가 죽은 로버트는 그에게 조심스럽게 말했다.

"저는 로버트라고 합니다. 처음으로 프로젝트를 맡게 되었는데 약간의 프로젝트 관리 기술이 필요합니다. 절 도와줄 수 있겠습니까?"

로버트의 말이 끝나자마자 남자는 크게 웃었다. 어안이 벙벙해진 로버트는 웃음의 의도가 궁금하기도 하고 불쾌하기도 했다.

"도대체 왜 그렇게 웃는 거죠?"

다그치듯 묻는 로버트의 질문에 웃음을 멈추며 말했다.

"당신, 방금 프로젝트 관리라고 했습니까? 제 도움이 필요하다고요? 참 우습군요. 포리스트 인더스트리가 프로젝트 관리를 잘 할 수 있었던 기회는 분명히 많았어요. 저도 열정적으로 도왔죠. 하지만 제대로 되지 않았습니다. 변명만 난무하고, 정치적인 싸움에 프로젝트는 엉망이 되고,

거기다 리더십도 갖추지 않은 사람들이 관리를 하니….”

벤이라는 남자는 회사에 대한 앙금이 많이 남아 있는 것 같았다. 그는 숨이 차서 얼굴이 붉어질 때까지 열변을 토했다. 잠시 쉬는 틈을 이용해 로버트는 물었다.

“하고 싶은 말씀은 이제 다 하셨나요?”

평온을 되찾은 벤이 대답했다.

“거의 끝났습니다. 그리고 결론부터 말해드리자면 ‘NO’입니다. 저는 당신을 도와드릴 수 없습니다. 그것은 더 이상 제 일이 아닙니다.”

“그게 무슨 말이죠?”

“지금까지 무슨 얘기를 듣고 있었습니까? 좋아요. 솔직하게 말하죠. 이 회사의 주역들은 저와 다트를 스카우트해서 프로젝트 관리에 도움을 얻고자 했죠. 저희 역시 온 힘을 다해 일했습니다. 아, 당신이 그 현장에 있어봤어야 합니다. 모든 리더들은 저희를 비웃었습니다. 그들은 심지어 제출했던 보고서로 종이비행기를 만들더군요. 그리고 저희들의 아이디어를 조롱했습니다. 불필요한 예산이라며 저희들의 자금줄도 끊었죠. 그래서 다트는 회사에 환멸을 느끼고 떠난 겁니다 저 역시 좌절했습니다. 그런데 이제

와서 뭐가 어째요?"

벤의 눈빛은 동료를 잃은 슬픔과 회사에 대한 실망감으로 가득 차 보였다.

"아, 그랬군요. 당신이 그럴 수밖에 없었다는 것을 저도 이해합니다. 하지만 지금 저도 곤경에 처해 있습니다. 캘리가 당신에게 가면 도움을 얻을 수 있을 거라고 했어요. 그녀는 당신이 이번 프로젝트에 참여할 수 있도록 업무도 조정해주겠다고 했습니다. 저는 한번도 프로젝트 관리라는 것을 해본 적이 없는데, 도와주세요."

"잠깐만요! 방금 캘리라고 했습니까?"

"네?"

"캘리가 저를 프로젝트에 배정했다는 말인가요?"

"예, 그렇습니다만…."

"좋아! 그녀가 드디어 감을 잡았군, 결국 그녀가 감을 잡았다고요!"

영문을 몰라 어리둥절한 로버트에게 차근차근 설명했다.

"아마 당신은 이해하지 못할 거예요. 다트와 저는 그들 자매에게 프로젝트에는 관리자가 필요하다는 것을 수없이 설명했습니다. 하지만 늘 '우리 같은 작은 회사에 너무 많은 것을 요구한다'면서 콧방귀를 뀌었죠. 결국 모든 프로젝트는 적임자를 구하지 못한 채 심하게 뒤틀리기 일쑤였어요. 그래서 마지막에는 극단적으로 자신의 영역만을 고수하려는 정치적 싸움만이 반복되었죠. 그러고는 그들은 모든 결과를 저와 다트의 탓이라며 질책했습니다. 하지만 그녀가 이제는 깨달았나봅니다. 프로젝트 관리에서 중요한 것이 무엇인지…, 거듭되는 실패 속에서 그들이 절실히 깨닫길 바랐던 마음도 있습니다."

"그들이 당신과 다트에게 한 행동은 참으로 심했군요. 하지만 이번에는 캘리가 진지한 것 같았습니다. 당신의 도움이 클 것이라 말해주었다고요."

벤은 자신을 찾아와 머리를 조아리며 부탁하는 로버트를 한참 쳐다보았다. 예의바른 회계원이 자신의 도움이 필요하다며 노력하는 모습이 사뭇 진실되어 보였다. 그를 도와주고 싶었다.

"좋습니다. 제가 당신을 도와드리죠. 그러나 약속을 철회하려는 조짐이 보이거나 문제발생의 징후가 보이면 저

CHAPTER 3

는 바로 품질관리 부서로 복귀하겠습니다. 무슨 말인지 알겠습니까?"

"일종의 거래군요. 알겠습니다. 그렇게 하죠."

로버트는 협상이 끝난 뒤 한결 편안해진 모습으로 여유를 찾은 듯 물었다.

"그러면 우리는 무엇부터 해야 하나요?"

"로버트, 당신은 비즈니스 케이스*business case*를 가지고 있습니까?"

"비즈니스 케이스요? 그게 뭐죠?"

"오, 맙소사! 당신은 정말로 도움이 필요하군요. 비즈니스 케이스는 프로젝트 전체에 대해 문서화하는 것을 말합니다. 이는 무엇보다 경영진으로부터 승인을 얻고자 하는 거죠. 하나의 아이디어에서 히나의 프로젝트로 전환하는 모든 과정을 보여준다고 할 수 있죠."

"그래요? 그렇다면 저희는 그것이 필요하지 않습니다. 히코리나무 프로젝트는 이미 승인되었고 장부에도 올라 있으니까요."

로버트의 말에 벤이 반론을 제기했다.

"아닙니다! 물론 히코리나무 프로젝트가 장부에는 올라

가 있겠죠. 하지만 **모든 프로젝트는 비즈니스 케이스가 필요합니다.** 히코리나무 프로젝트처럼 명령에 의한 것이나 관리 또는 기술적인 필요에 의해 실행되는 것 모두 말입니다. 비즈니스 케이스를 통해 회사의 요구사항과 진행되고 있는 프로젝트 상황을 비교할 수 있어요. 비즈니스 환경이나 회사의 우선순위는 순식간에 바뀔 수 있습니다. 그러므로 어떤 상황에서도 프로젝트가 흔들리지 않고 실행되도록 도와주는 문서가 필요하죠. 즉 비즈니스 케이스는 프로젝트가 궤도에서 벗어나지 않도록 일을 진행하는 동안 중심을 잡아줄 겁니다. 뿐만 아니라 프로젝트 종료 후에도 성공적으로 끝났는지도 알려줄 거예요. 문제는 잘 해결했는지, 기회는 잘 이용했는지에 대한 것 역시 말이죠."

벤이 비즈니스 케이스에 대해 설명하는 동안 로버트는 그의 말을 하나라도 놓치지 않기 위해 노력했다. 그때 벤이 물었다.

"그러면 이제 당신이 무엇을 알고 있고, 무엇을 모르고 있는지 말해보세요. 저에게 히코리나무 프로젝트를 설명해주십시오."

CHAPTER 3

로버트는 갑작스러운 질문에 멍하니 바라볼 수밖에 없었다.

"다른 방식으로 물어보죠. 이번 프로젝트를 통해 이루고자 하는 것은 무엇입니까?"

무거운 정적이 흐르자 벤은 다시 물었다.

"그럼 프로젝트가 성공적으로 끝나면 혜택을 받는 사람들은 누구이고 어떻게 그 혜택을 받습니까?"

순간 로버트는 '아차!' 하는 기분이 들었다. 캘리의 제안을 깊게 생각하지 못했던 것이다. 곧 그는 기분이 언짢아져 벤에게 말했다.

"저 역시 그 점을 모르겠습니다."

"로버트, 당신이 관리하기로 힌 프로젝트조차 이해하지 못했단 말입니까?"

"네, 유감스럽게도 그렇습니다. 저는 당신이 그것을 말해주길 바랍니다."

"좋아요. 그러면 먼저, 이 상황에서 몇 걸음 뒤로 물러서서 차근차근 따져볼 필요가 있겠군요. 비즈니스 케이스는 '프로젝트를 관통하여 흐르는 동맥'이라고 생각하면

됩니다. 즉 최상급 동맥(senior artery)라고 외우면 더욱 쉬
울 거예요 자, 그럼 비즈니스 케이스에 어떤 내용이 들어
가는지 알아보죠."

벤은 구석으로 가서 화이트보드를 가져온 뒤, 몇 가지를
쓰기 시작했다.

비즈니스 케이스의 구성요소

Stakeholders (이해관계자)

Rationale (이론적 근거)

Alternatives (대안들)

Recommendation (추천안)

Timeline (일정)

Estimates (견적)

Risks (위험)

Yes/No Decision (예/아니오 의사결정)

"오~ 근사한데요."

로버트는 화이트보드를 보면서 연신 감탄했다. 그러고는 단어들의 머리글자를 유심히 보면서 말했다.

"벤, 십자말풀이를 전공한 것은 아니죠?"

"지금 농담할 시간 없습니다."

"아, 미안합니다."

"자, 그러면 **이해관계자(STAKEHOLDERS)**부터 시작합시다. 이 프로젝트의 영향을 받는 내·외부의 사람은 누구죠? 왜 그들은 당신이 이 프로젝트를 맡게 되었다고 신경을 쓸까요? 당신의 성공에 대해 관심이 있는 걸까요, 아니면 어떤 기득권을 지니고 있을까요?"

"영향을 받을 사람이라면 내부에는 캘리와 루시가 있겠네요. 그리고 외부라면 우리 제품의 고객들이 되겠어요. 이 프로젝트가 성공하면 최상급의 제품이 출시될 테니까요."

"좋습니다. 또 다른 사람은 없을까요?"

"재료를 공급해주는 사람들도 특수한 목재를 공급해야 하므로 영향을 받겠군요."

"계속하세요. 회사 내부에는 더 없을까요?"

"아, 제조 부서는 확실합니다. 그들이 제품을 생산해야 하기 때문에. 그리고 운송 부서, 그리고 우리의 디자이너들! 그렇습니다, 디자이너들까지…. 저는 히코리나무 프로젝트가 어떤 모습으로 구체화될지 미리 그려보지 않았습니다. 더 이상 생각나지 않는군요."

"곧 그 모습까지 도달하게 될 겁니다. 걱정 마세요. 대신 지금 당장은 이해관계자들에만 초점을 맞춥시다."

"생각해보니 재고관리 부서나 창고, 회계 부서도 관련이 있겠네요."

"한 가지 궁금한 것이 있어요. 이번 프로젝트에 우리 회사에는 없는 특별한 분야의 전문가도 필요한가요?"

"벤, 맞아요. 필요할지도 몰라요. 어떻게 하면 될까요?"

"만약 사람을 채용하고 훈련시킬 필요가 있다면 인사 부서의 도움을 받고 그것이 안 되면 외부로부터 인력을 끌어들여야죠. 계약직으로라도 말이죠."

"아, 감 잡았습니다."

"벤 이제 **이론적 근거(RATIONALE)**로 넘어갑시다."

"이론적 근거라는 것은 방금 당신에게 물었던 모든 질문으로 되돌아가는 거예요. 왜 당신이 이 프로젝트를 진행하길 원하느냐에 관한 거죠. 다시 말해 프로젝트가 진행되는 범위의 내·외부에는 무엇이 있느냐, 그 경계선은 무엇이냐고요. 그리고 범위 안에 포함시킬 필요가 있는 것들과 그렇지 않은 것들을 가려내는 것에도 도움이 됩니다. 이러한 모든 것들이 비즈니스 관점에서 프로젝트를 정당화시킨답니다."

"생각해야 할 것이 참 많군요."

"앞으로 이야기할 것에 비하면 별 것 아닙니다. **대안들(ALTERNATIVES)**에서는 다른 기회를 찾는 등 수많은 방법들을 생각해보는 겁니다. 로버트, 당신은 프로젝트를 성공시킬 수 있는 최상의 아이디어를 가지고 있어요. 하지만 그것은 일반직으로 자신이 선택할 수 있는 것들로만 구성되었음을 의미해요. 그래서 이 때에는 다양한 대안을 찾는 노력이 필요합니다. 그러다 보면 종종 프로젝트 해결방안도 나오기 마련이죠."

"갑자기 의문이 생기는군요. 캘리와 루시의 프로젝트가 실패한 원인은 무엇이죠? 위와 같은 것들을 모르진 않았을 텐데요. 그러면서도 실패한 것은 무엇인가 잘못된 것이 있었을 텐데요. 정확히 어떤 이유 때문에 그랬나요?"

로버트의 질문에 벤은 잠시 머뭇하며 말했다.

"로버트, 그들은 참으로 영리하고 유능한 사업가죠. 하지만 다른 중역들과 마찬가지로 각 프로젝트의 구체적인 사항에 대해서는 이해하지 못합니다. 그들은 줄곧 나무 꼭대기에서 회사를 바라봅니다. 물론 늘 부정정인 결과만 가져오지는 않아요. 오히려 그런 관점이 도움이 될 때도 있어요. 가끔은 우리가 미처 생각하지 못했던 다른 아이디어를 내기도 하거든요."

"그래서 벤, 당신이 생각하기에 프로젝트를 위하여 반드시 추구해야만 하는 것이 바로 **추천안**(RECOMMENDA-TION)일 것이라고 짐작이 가는데요?"

"당신은 이해속도가 빠르군요. 각각의 대안들을 원가나 혜택 그리고 복잡성에 비추어서 하나하나 따져본 후, 어떤 대안이 이론적 근거와 이해관계자들에게 가장 적합한 대안인지 결정할 수 있겠죠? 하지만 이것은 말처럼 쉬운 일은 아닙니다. 문제를 해결하는 데 최적안이 이해관계자들에겐 최적안이 아닐 수도 있기 때문입니다. 물론 그 반대의 경우도 있겠죠. 때때로 원가 대비한 가장 효과적인 해결책이 조직의 문화나 사명에 맞지 않을 수 있습니다. 그럴 때를 대비하여 확실한 의사결정을 내릴 수 있는 실질적인 리더십이 필요한 거죠."

로버트는 벤의 말을 놓칠세라 바짝 긴장한 상태였다. 그리고 미간을 찡그리며 넥타이를 만지작거렸다. 그 모습을 지켜본 벤이 말했다.

"어디 불편한가요?"

"뇌로 공급되어야 하는 산소가 넥타이 때문에 차단된 것 같네요. 눈앞이 캄캄하군요."

"하하하, 그렇게까지 답답한가요? 바꿔 생각해봅시다. 만약 우리가 미리부터 프로젝트를 어떻게 끌고 갈 것인지 알고 있었다면 골치 아프게 위와 같은 절차는 밟지 않아도 되겠죠."

로버트는 위아래로 고개를 끄덕이며 말했다.

"참으로 일리 있는 말이네요. 모든 사람들은 어떤 방향으로 갈지 어렴풋이만 알고 있죠. 그래서 설익은 아이디어를 가지고 출발합니다. 머지않아 지쳐서 프로젝트의 깊은 늪에 빠져 허우적대고요. 아, 그래서였군요."

"처리해야 하는 문제나 기회는 적절하게 정의하고 분석해야 해요. 그리고 최적의 해결책을 도출해야죠. 그래서 상황을 분석하기 위해 시간을 투자해야 합니다. 그렇게 되면 실질적으로 실행 단계에서 시간을 절약하게 되거든요."

잠시 생각에 잠긴 로버트를 바라보며 벤이 덧붙였다.

"그리고 당신은 계획 단계와 프로젝트 전체를 위해 개략적 수준의 **일정**(TIMELINE)과 **견적**(ESTIMATES)을 제공할 필요가 있습니다. 저는 어떤 이면지의 뒷면에 계획한 프로젝트를 본 적도 있고 수백 명의 사람들이 참여하여 12개월 동안 만든 엄청난 분량의 프로젝트 계획서도 봤습니다. 당신이 계획하는 프로젝트가 도토리보다 작을 것인지 아니면 코끼리보다 더 클 것인지를 고민해야 합니다. 그리고 그것을 재정상의 권한을 지닌 경영층에게 보고해야 하고요. 또한 당신이 필요한 사람들도 파악해야 합니다. 뿐만 아니라 그들의 시간이 어느 정도 투입될 것인가에 대해서도 말이죠."

벤의 말이 끝나자 로버트의 얼굴에는 자신감이 내비쳤다. 벤을 찾아 사무실 앞에서 망설이던 처음의 모습은 온

데간데없었다. 로버트는 열정적인 투로 말했다.

"좋아요, 조금만 기다려요. 이번 프로젝트는 저희가 경영층에게 견적을 제공할 겁니다. 다시는 그들의 횡포에 휘둘리지 않도록 말이죠. 남은 프로젝트 기간 동안도 계속 그들에게 상기시키며 프로젝트가 성공으로 이끌도록 할 겁니다."

"당신도 견적 문제로 힘들었던 적이 있군요. 노하우를 알려드리자면 경영층의 기대치가 적절하게 세워지도록 만드는 겁니다. 비즈니스 케이스를 만드는 동안 당신이 전달하는 견적들은 일반적으로 대단히 개략적입니다. 그러므로 변수를 생각해야 합니다. 이 시점에서는 자세한 기획이나 예산이 수립되지 않죠. 그래서 얼마나 많은 시간이 걸릴지, 얼마나 많은 돈이 들어갈지 실질적으로 알 수 없다는 것이 맞겠죠. 따라서 경영층에게 견적의 규모가 2배 이상 커질 수도 반으로 줄어들 수도 있다고 말하는 게 중요합니다. 그리고 앞으로 정확한 견적이 나올 것이라는 것도 강조해야죠."

"그러면 먹혀드나요?"

"대부분은 먹히지요. 하지만 때때로 괴짜 상사를 만날

수도 있어요. 그러면 당신은 반드시 처음으로 돌아가서 모든 것을 설명해야 합니다. 즉 **위험**(RISKS)도 고려해야 합니다. 따라서 당신은 이해관계자들에게 프로젝트가 잘못될 수도 있다는 것을 언급할 필요가 있습니다. 그뿐 아니라 만약 잘못되더라도 당신이 그것을 처리할 수 있다는 믿음 역시 심어줘야 합니다."

"그렇다면 어떤 것이 잘못될 수 있나요?"

"로버트, 머피의 법칙이라고 들어봤죠?"

"물론입니다. 잘못될 가능성을 품고 있는 것은 가장 최악의 순간에 잘못되더군요. 하지만 그것과 프로젝트가 무슨 관련이 있다는 거죠?"

"머피는 당신의 팀에 있습니다."

"무슨 말을 하는 겁니까? 웃기지 마세요. 당신이 현재 유일한 팀원이며, 당신은 머피가 아니라 벤입니다."

로버트의 응답에 벤은 크게 숨을 들이키며 대답했다.

"당신 같은 회계원들은 상상력이 참으로 부족하군요. **프로젝트라는 것은 위험들로 가득 차 있습니다.** 스스로에게 정직해야 합니다. 정말로 정직해진다면 당신은 이 프로

젝트에 발생할지도 모를 위험목록을 작성할 수 있을 거예
요. 많을수록 좋겠지만 50개 정도를 골라서 문서화해보세
요. 아마 자원들이 재배치될 수도 있고, 예산이 제공되지
않을 수도 있고, 요구사항이 변경될 수도 있을 겁니다. 또
한 투자자들이 약속을 지키지 않을 수도 있겠죠."

"이 모든 가정들을 문서화한다고요? 당신은 또 한번 나
를 죽이는군요."

"로버트, 내 말을 들어요. 당신이 만약 지금 해두지 않는
다면 후에 그것들이 당신 앞을 가로막는 장애물이 되어 더
욱 힘들게 할 거예요."

'지금 하지 않는다면, 후에 장애물이 될 것이다?'라며
로버트는 벤의 말을 계속해서 되뇌었다. 한참을 그러더니
벤에게 물었다.

"과연 장애물이라는 것은 어떤 형태로 나타납니까?"

"음, 로버트. 이렇게 가정해봅시다. 프로젝트가 반 정도
진행되고 있을 때, 핵심 투자자가 파산했다고 말이죠. 캘
리에게 '저희들은 그가 파산할 것이라고 생각하지 못했습
니다'라고 말하는 것과 '이번 사건은 저희들이 프로젝트

초기에 문서화한 가정들 중 하나가 실제로 발생한 것입니다. 저희들은 그 영향을 따져볼 필요가 있습니다' 중 어떻게 말하는 것이 더 나은가요?"

"아무래도 후자군요. 어떻게든 첫 번째 답은 변명처럼 들립니다."

"맞아요. 당신은 신뢰를 쌓아가는 것이 중요합니다. 캘리가 당신이 프로젝트에 대해 잘 알고 있다는 생각을 하도록 만들어야 해요. 이것은 진행과정의 마지막 단계인 **예/아니오 의사결정**(YES/NO DECISION)을 준비하도록 도와줍니다. 그러므로 하나의 프로젝트가 경영진으로부터 승인을 얻기에 필요한 것들은 굉장히 많죠?"

"아, 정말 그렇군요."

흐뭇하게 웃으며 벤은 다시 한번 악수를 청했다.

"그렇기 때문에 로버트, 당신이 저를 만난 건 행운일 겁니다."

"옳은 말이에요. 벤."

맞잡은 두 손에는 서로의 힘이 느껴졌다. 이제 히코리나무 프로젝트 관리를 향해 그들만의 큰 모험은 본격적으로 시작되었다.

CHAPTER 3

찰스, 넘치는 자신감으로 시작하다

CHAPTER 04

　찰스는 루시와의 만남 이후로 최상의 기분으로 살고 있었다. 비록 진행상황을 논의하기로 한 날짜는 점점 다가오고 있었지만 좀더 이 기분을 즐기겠다며 여유롭게 지냈다. 찰스는 이번 프로젝트와 그에 따른 결과, 그리고 자신의 미래가 쨍쨍한 여름날처럼 밝을 것이라고 기대했다. 이런 낙관적 태도는 여태까지 자신이 했던 일들이 모두 성공적으로 끝났기 때문에 생긴 것이라 할 수 있다.

그 자신감의 원천은 살아온 환경에서 찾을 수 있다. 그는 특권층에서 태어나 제공 받을 수 있는 최고 수준의 교육을 받았다. 즉 명문대학 진학을 보장하는 최고의 사립고교를 다녔으며, 럭비와 미식축구부에서는 주장을 맡았다. 늘 평균 이상의 학점을 취득했으며 높은 연봉을 받을 수 있는 명문대학에 입학했다. 학생회, 스포츠 동아리 등 주어진 모든 활동에 열심히 참여했다. 그는 도전을 두려워하지 않았고, 일단 몰입하면 끝까지 놓지 않고 해냈다. 신기하게도 모든 결과는 훌륭했다. 그는 매력적인 삶을 살고 있었다.

루시는 찰스를 프로젝트 관리자로 선택하기 전부터 이 모든 것을 알고 있었다. 그녀는 최고 중에서도 최고를 원했고, 찰스는 그녀의 마음에 쏙 드는 사람이었다. 찰스는 까다로운 고객들과 계약을 맺는 방법을 알고 있었다. 그리고 경쟁사에 뺏기지 않도록 고객관리도 철저했으며, 행여 부자연스러운 관계가 되더라도 금방 회복했다. 사람들이 그의 말을 듣기만 하면 매료되어 설득되곤 했다.

CHAPTER 4

그가 맡은 이번 프로젝트는 자신의 본업 이외의 분야라서 더욱 흥미로웠다. 그래서 자신도 모르게 몰입되었고 루시가 넘겨준 엄청난 분량의 서류도 이미 다 읽었다. 그리고 최종적으로 자작나무 프로젝트의 제품이 고객들에게 어떻게 비춰질 것인지, 그들은 어떻게 느낄 것인지, 원가는 얼마나 들 것인지, 제품의 기능은 어떠한지, 시장상황은 어떠할 것인지에 대해서도 머릿속에 그려보았다. 여태까지 그래왔던 것처럼 이번 역시 결과는 훌륭할 것이 분명했기 때문에 루시가 왜 그토록 자신에게 당부를 했는지 의아했다.

"저는 자작나무 프로젝트의 제품명을 '버츠스타'라고 짓길 바랍니다. 아마 근사한 나이테를 가진 목제품이 될 겁니다. 그렇지 않나요?"

찰스는 마지막에 말하고자 하는 중요 부분을 요약해서 이야기했다. 자신의 본업이 그러하기 때문인지 진행상황 회의 역시 판매 회의와 같은 모습이었다. 여느 고객들처럼 루시도 그의 말에 푹 빠져서 박수를 쳤고 감개무량하다는 듯이 말했다.

"대단히 인상적이었어, 찰스."

"뭘요."

"아, 그런데 앞으로 어떠한 것들이 필요할지 조사해둔
것이 있어?"

루시의 질문에 찰스는 이런 대형 프로젝트에 사소한 세
부적 사항까지 지금 신경 써야 한다는 것에 짜증이 났다.
약간은 난처한 기분도 들었고 그래서 퉁명스럽게 답했다.

"제 기억으로는 이 프로젝트에 무제한의 예산이 들어간
다고 당신이 말했던 거 같은데요?"

"그래, 맞아. 그러나 저번에도 언급했듯이 당신의 기획
과 견적을 먼저 확인하겠다고 했었잖아? 난 당신이 원하는
만큼의 돈과 사람을 제공할 수 있지. 하지만 사전에 나에
게 말할 필요도 있는 거라고."

"좋습니다. 저는 이 프로젝트에 대한 비전을 제시했습
니다. 그렇다면 그것에 도달하기 위해 당신은 저에게 얼마
를 제공해야 할까요?"

찰스는 지지 않고 대답했다. 프로젝트를 진행함에 있어
서 주도권을 넘기지 않으리라 굳게 다짐한 듯 보였다. 루

시는 그런 그의 자신만만함이 싫지 않았다. 그래서 가능한 한 쉽게 일을 처리해주려고 했다.

"찰스, 당신이 나에게 견적을 주어야 한다는 것은 이미 합의한 사실 아닌가? 좋아, 이렇게 되었으니 견적의 수준을 말해주지. 캘리와 나는 이사회에서 500만 달러를 할당받았어."

500만 달러란 소리를 듣자 찰스는 순간 동공이 커졌다. 그러고는 홍분된 목소리로 말했다.

"음, 500만 달러라…. 괜찮네요. 왜 사람들은 견적 나부랭이에 그처럼 홍분하는지 모르겠습니다. 이미 자신들이 투자하는 금액은 정해두었지 않습니까?"

"하여튼 찰스, 당신은 원하는 것을 얻어내는 데는 탁월한 기술이 있다니깐. 꼭 당신 나이였을 때의 내 모습을 보는 것 같아. 그 당시 이 회사도 내가 인수받을 술 알았어. 지나치게 윤리적인 공상가와 공동으로 맡을 줄 누가 알았겠어!"

포리스트 인더스트리에 관련하여 일했던 사람이라면 누구나 알고 있었다. 성격이 정반대인 쌍둥이 자매 캘리와 루시가 함께 회사를 운영해나간다는 사실을…. 그들은 가까운 관계이면서도 가장 치열한 경쟁을 펼치고 있다는 사실도. 두 자매 중 캘리는 부드럽게 사람을 잘 다루었지만 확실한 비즈니스 여성에는 루시가 더 가까웠다. 언니에게도 절대 양보 없이 공격적이었다. 루시는 자신의 수고로 성공한 업적을 캘리와 스포트라이트를 나누고 있다고 생각했다. 그래서 함께 경영하고 있는 것이 늘 불만이었다.

루시는 찰스에게 조언했다.

"내가 오늘 오후에 프로젝트 계정을 만들어줄게. 그러니까 우발사건에 대비한 예비 계정 같은 것 말이야. 당신도 알다시피, 만일의 경우를 대비해서…."

찰스는 자신이 무시당했다고 생각했다. 그래서 마음이 상한 듯이 쏘아붙였다.

"우발사건이라고요? 저에게? 그럴 일은 없을 겁니다. 제가 실패할 수도 있다는 말씀을 하신 거죠? 500만 달러면 세상이 깜짝 놀랄 정도로 충분히 해낼 겁니다. 다른 누구도 아닌 접니다. 제가 이 프로젝트를 맡았는데 감히 잘못될 수 있다는 말은 하시는 겁니까?"

CHAPTER 4

찰스의 말에 무안해진 루시는 재빨리 스스로를 나무라며 찰스의 기분을 풀어주려 했다.

"내가 누구와 진행하고 있는지 잠시 깜박했네. 천하의 찰스가 실패라니, 내가 실수했군."

누그러진 찰스의 표정에 안도를 하며 루시는 말했다.

"이번 프로젝트에 필요한 사람은 없는가?"

찰스는 잠깐 자신의 턱을 쓱쓱 문질렀다. 생각해보지 않았던 것이다. 그는 여전히 자작나무 프로젝트가 어떤 모습이어야 하는지에 대한 생각은 해보았지만 어떻게 현실화시킬 것인지에 대한 것은 고민해보지 않았다. 다른 사람의 도움이 필요하다는 생각에 잠시 곤혹스러웠다. 하지만 그는 임기응변에 능하다. 대학시절 자신의 미식축구 팀원들을 열거하듯이 필요한 사람들을 말하기 시작했다.

"제 생각으로 디자인 분야에 일하는 누군가가 필요할 것 같습니다. 그리고 제조 분야에서는 두 명 정도만 있으면 초기에 제품의 틀을 만들 수 있습니다. 기술적인 세부 사항에 대해 도움을 받기 위해 프로그래머 한 명과 500만 달러를 한군데 몽땅 쓰지 않도록 도와줄 회계원 한 명도 필요하겠군요."

그의 말이 끝나자 루시는 어느 정도 납득이 되었다는 듯이 고개를 끄덕이며 말했다.

"꽤 많군, 찰스. 당신이 요구하는 대로 투입해주겠어. 그러니 앞으로 잘 부탁해."

"걱정하지 마십시오. 당신의 프로젝트는 제가 맡았으니 절대적으로 안심해도 됩니다. 자작나무 프로젝트는 성공이란 이름으로 당신의 눈앞에 곧 찾아올 테니 말입니다."

CHAPTER 4

계획에 집중하는
히코리나무 프로젝트

CHAPTER 05

프로젝트가 각각 관리자에게 주어지고 한참의 시간이
흘렀다. 찰스의 신속한 일 진행은 루시를 즐겁게 했다. 그
녀는 이번 내기에서 당연히 승리할 것이라 확신했다. 캘리
역시 로버트가 빠른 속도로 진행하는 것은 아니었지만 상
당히 신뢰하고 있었다. 그녀는 다음 프로젝트의 진행 회의
날짜가 오기를 기다렸다. 로버트가 비즈니스 케이스를 발

표하기로 했기 때문이었다.

로버트는 프로젝트에 대한 모든 것들을 완벽하다고 할 정도로 문서화했다. 물론 벤의 도움이 컸지만 비즈니스 케이스를 만들면서 프로젝트의 핵심요소를 파악할 수 있었다. 자신이 확보한 몇 명의 제품 디자이너들과 함께 대안을 평가하면서 문서화한 자료와 비교했다. 그러면서 추천된 해결책이 회사를 위해서 비용 대비 효과가 가장 큰 해결책이 아니라는 것을 발견했다. 당초 문서화했던 사람의 입장에서는 좋은 의사결정인 것처럼 보였지만 회사의 사명과 전략에 비춰보았을 때는 아니었던 것이다. 그뿐만 아니라 장기적으로 비용을 유지하는 것에서도, 다른 대안에 비해 낮은 점수가 매겨졌다. 회의에서 로버트는 모든 대안을 발표하기로 결심했다. 그리고 자신이 디자이너들로부터 직접 수집한 데이터와 직접 이해관계자들과 면담해서 얻은 자료를 토대로 자신이 추천하는 해결책이 지지받을 수 있도록 준비를 마쳤다.

벤이 함께 참석하기를 원했다. 하지만 성공 또는 실패에 대한 책임은 오로지 자신의 어깨에 달린 것이므로 캘리와 일대일로 회의를 하기로 했다. 그동안 벤과 로버트는 이번 회의를 위해 프로젝트의 다양한 측면과 가능한 시나리오들을 검토하기 위해서 밤늦게까지 많은 시간을 투자했다. 벤은 중역들이 던질 만한 모든 질문과 질책에 대응할 수 있도록 로버트를 완벽하게 준비시켰다. 심지어 그는 실제 회의에서 일어날 수 있는 상황에 대해 당황하지 않도록 연기까지 선보였다. 로버트는 그런 벤의 지원이 든든하고 고마웠다.

　회의 당일이 되고, 비즈니스 케이스를 검토한 캘리는 대단히 감명을 받은 것처럼 보였다. 눈을 반짝거리며 말했다.

　"이 비즈니스 케이스는 정말 대단하군요. 가히 완벽할 정도의 분석입니다."

　캘리는 자기 손에 쥐어진 서류를 경이적으로 바라보며 덧붙였다.

　"당신에게 주어진 과제를 아주 잘 해냈군요. 제 생각에 당신이 추천한 해결책은 확실합니다. 그리고 당신은 자신에게 제시된 모든 대안을 기대 이상으로 면밀히 분석했더군요. 다음으로 필요한 것은 무엇이죠? 예산이나 인력은 어느 정도면 되는지 말씀해보세요.”

로버트는 잠시 주춤하며 말했다.

“그런데, 캘리. 미안하지만 그것까지는 다소 이른 것 같습니다. 저희는 이번 프로젝트를 완수하기 위해 필요한 것들을 세부적으로 검토하지 않았어요. 제가 추천한 해결책에 대해 당신의 승인을 받기 전까지는 프로젝트를 정확하게 계획할 수 없다는 점을 염두에 두십시오. 또한 제가 회계 부서에 근무했기 때문에, 회사에서 진행되고 있는 모든 프로젝트의 투자 대비 효과에 관한 정보를 접할 수 있습니다. 히코리나무 프로젝트가 상당히 매력적이기는 하지만, 투자 대비 효과가 훨씬 나은 두 개의 다른 프로젝트도 있습니다. 그래서 말인데 기회비용을 치르고서라도 이 프로젝트를 진행할 건가요?”

“좋아요, 좋은 지적이네요. 하지만 그것은 이미 루시와 끝난 이야기입니다. 당신이 계속해서 이 프로젝트를 진행했으면 합니다. 기본 제품 틀을 만들고 생산 라인을 구성하기까지는 얼마나 걸립니까?”

캘리는 조바심이 나서 안절부절 못했다. 하지만 로버트는 준비해온 자료를 보면서 차근차근 발표했다.

"상세하게 계획하도록 승인을 하겠다는 겁니까?"

"상세 계획? 지난 2주 동안 작업한 것 아닙니까?"

"캘리, 아니에요. 저희는 **프로젝트의 시작과 목적에 관한 내용을 정리했을 뿐**입니다. 조직의 관점에서 이 프로젝트가 훌륭한 아이디어인지 확인받고 싶습니다. 그래서 이 회의가 있는 이유도 계획 단계로 나갈 것인가에 대해 당신의 승인을 받기 위한 것입니다"

로버트의 말을 가만히 듣던 캘리의 얼굴에는 순간 혼란이 내비쳤다. 로버트는 내심 자신을 철저히 준비시켜준 벤에게 고마움을 느꼈다. 조용히 캘리에게 말했다.

"시작 단계에서는 아이디어를 구하고 그것이 프로젝트가 될 수 있는지에 대해 철저히 따져봐야 하는 것 아닙니까? 어찌되었든 당신은 히코리나무 프로젝트에 대한 정보를 이해했고, 또 프로젝트가 된다는 것에 동의하셨죠? 그렇다면 이제 저희는 제시한 해결책을 현실화하는 데 필요한 일과 자원을 계획하도록 하겠습니다."

그는 계속해서 또박또박 다부지게 말했다.

"비즈니스 케이스에서 제시한 견적은 대단히 상위 차원입니다. 앞으로 적게는 50%, 많게는 100% 정도 차이가 날 수 있습니다. 계획 단계에 들어가면 저희가 추천한 해결책을 실행하는 데 필요한 구체적인 일들을 실질적으로 정할 것입니다. 그리고 일정을 계획하고, 업무에 필요한 인력을 배정하려 합니다. 그 후 전체적으로 얼마의 비용이 소요될 것인지도 추정하고요. 계획하는 과정이 종료되면 최종적으로 소요되는 비용의 10% 이내 오차가 생기도록 노력할 것입니다. 그렇게 되면 당신은 보다 확실한 정보를 토대로 프로젝트를 진행할 수 있을 겁니다.”

'이렇게 꼼꼼하고 정확한 회계원이었다니…' 라며 캘리는 놀라는 눈치였다. 그러면서 지나치게 세심한 사람에게 큰 프로젝트를 맡긴 것은 아닌지 염려되어 말했다.

“그렇다면 실질적인 작업은 언제 시작되는 거죠?”

“이미 실질적인 작업은 시작되었습니다.”

로버트는 그녀가 시작 단계와 계획 단계를 여전히 이해하지 못하고 있는 것 같아 다소 짜증이 나서 대구했다.

“만약 당신이 히코리나무 프로젝트의 기본 틀을 구축하고 실행하는 일에 대해 궁금한 것이라면 저희가 제시한 견적을 ‘승인한다’는 말을 들은 후에 말씀드리죠.”

“네, 좋습니다. 승인합니다. 얼마나 걸리겠습니까?”

"그것은 저희들이 얼마나 빠르게 계획 단계를 종료하느냐에 달려 있습니다. 당신은 사전에 엄청나게 많은 문서를 저희에게 주었습니다. 저희가 추천한 해결책에 변경이 없도록 하려면 무엇보다 상세히 계획해야 합니다. 그래서 많은 시간이 필요하죠. 하지만 아무래도 프로젝트에 필요한 사람들을 확보하고 배정하는 부분에서 가장 많은 시간이 들겠죠. 제 짐작으로는 계획서와 예산이 정확히 나올 때까지 약 3주에서 4주가 필요할 겁니다."

캘리는 순간 현기증을 느꼈다. 3주에서 4주라면 그들이 프로젝트를 구축해야 할 즈음이다. 심지어 캘리는 회의에 들어오기 전에 루시의 프로젝트는 벌써 틀을 잡아 조립하고 있다는 소식도 들었다. 그녀는 왜 로버트가 이렇게 능장을 피우는지 알 수기 없었다. 자신이 내기에서 진 뒤 루시가 비꼬는 듯 웃는 장면은 차마 그려볼 수 없었다. 그녀는 스스로에게 주문을 걸 수밖에 없었다. '그래! 천천히, 착실히 하면 경기에서 승리할 거야'라고 말이다. 눈을 감고 생각에 잠긴 그녀를 보며 로버트가 말했다.

"캘리? 캘리! 당신 괜찮나요? 약간 창백해 보이는데⋯."

걱정이 가득한 로버트의 눈을 보니 마음이 차분해졌다.

"음…. 예, 죄송합니다. 당신이 저를 약간 놀라게 했을 뿐입니다. 당신은 오늘의 자료를 만들기 위해 이미 몇 주를 보냈지만, 전 지금부터 한 달 뒤면 구체적인 결과물이 나올 것이라 기대했습니다. 질문 하나 해도 될까요? 로버트, 만약 당신이 계획과 분석을 이렇게 방법론적으로 해야 한다면 왜 제가 필요한 거죠? 불필요한 존재이지 않나요?"

캘리는 창밖의 나무숲을 지긋이 바라보며 말했고, 그녀의 말에 로버트는 항의하듯 대답했다.

"전혀 그렇지 않아요! 저희들은 당신이 필요합니다! 후원자로서의 당신의 역할은 대단히 중요합니다. 저는 프로젝트 관리자로서 하루하루 일을 진행시키고 일정을 준수하고 그에 따른 책임을 지고 있습니다. 하지만 당신의 역할은 이보다 훨씬 더 중요합니다. 저의 후원자로서 당신은 조직의 다른 부문과 연계시키는 역할을 합니다. 당신은 이 프로젝트를 진행하도록 승인했어요. 또한 벤을 소개해줘서 지원을 받도록 했고, 체계적인 접근방법을 활용할 수 있도록 격려해주었습니다. 벤은 저에게 말할 수 없을 정도로 귀중한 사람이 되었죠. 그가 없었다면 이처럼 체계적으로 일하지 못했을 거예요. 캘리, 저를 믿고 이 프로젝트를 정확하게 계획할 수 있도록 시간을 주십시오. 만약 그럴 수 없다면 그냥 회계부로 보내주세요. 하지만 만약 저를 믿는다면 당신의 지원이 필요합니다. 벤과 제가 넘기에는 벅찬 장애물이 너무나 많거든요. 당신의 도움이 절실합니다."

캘리는 많은 생각을 했다. 그간의 프로젝트의 실패도 생각해보면서….

어색한 침묵을 깨고 캘리가 말했다.

"아, 로버트. 저는 후원자가 이렇게 많은 일을 해야 한다고 생각하지 못했습니다. 언제나 책상에 놓여 있는 프로젝트 문서에 사인하는 것이 다였죠. 그러고는 잔인하게도 실패한 프로젝트 관리지만 헤고했습니다. 물론 당신은 실패하지 않을 것입니다. 이제야 알았습니다. 당신이 올바른 궤도를 달리고 있다는 것을요. 당신이 이 프로젝트를 대단히 신중하게 생각하고 있다는 것도 알게 되었습니다. 바로 그 점이 제가 당신을 프로젝트 관리자로 선임한 이유였는데, 제가 깜빡했었나 봅니다. 미안하군요. 가능한 한 일이 매끄럽게 진행되도록 하기 위해서 계획 단계에서는 제가 무엇을 도와드리면 되겠습니까?"

캘리의 질문에 기다렸다는 듯이 로버트는 대답했다.

"예, 벤과 저는 줄곧 이야기해왔습니다. 저희들이 프로젝트 범위를 정할 때 제품기술 디자이너가 참석했으면 좋겠다고 말이죠. 프로젝트 기간 동안 그들의 시간 가운데 절반 정도가 필요합니다. 그리고 생산 부서의 도움도 약간 필요합니다. 개략적으로 말씀드리자면 4주 동안 매주 5시간 정도면 됩니다. 가능하다면 저희들이 거의 마무리한 인원계획을 검토하기 위해서 인사담당 부서의 사람도 투입되길 원합니다. 지금으로부터 약 3주 동안 말이죠. 대부분의 회계와 예산 숫자를 맞추는 작업은 제 스스로 하겠습니다. 그리고 마지막 주에는 핵심 부서 사람들과 그룹 미팅을 가지고자 합니다. 저희들이 계획을 최종적으로 마무리 짓고 그 계획에 따라 프로젝트를 실행하기 전에 회의를 가지는 거죠."

캘리는 깊은 한숨을 내쉬었다. 이것은 엄청난 믿음이 필요한 도전과 같았다. 뿐만 아니라 패러다임의 전환이었으며 과거의 프로젝트에서는 볼 수 없었던 새로운 시도였다. 두려운 마음이 더 크게 자리 잡고 있었지만 그를 한번 믿어보기로 했다.

"문제없습니다. 기꺼이 도와드리겠습니다. 또 다른 것이 있습니까?"

"저희들이 당신의 도움이 필요할 때마다 만날 수 있도록 오픈도어*open door* 정책을 유지해주십시오. 당신의 시간을 많이 빼앗겠다는 것이 아닙니다. 이 프로젝트를 위해 넉넉잡아 일주일에 4~5시간 정도 부탁드립니다."

캘리는 동의한다는 표정을 지으며 물었다.

"로버트, 당신은 이 프로젝트가 성공할 것이라고 확신합니까?"

대답 대신 로버트는 확고한 웃음을 지어보였다. 캘리 역시 굳이 대답이 필요없다는 것을 알고 있었다.

어짜피 우리는
내기의 희생자일 뿐이야

CHAPTER 06

이런 대형 프로젝트를 맡는 것은 벤에게도 부남이었다. 벤은 많은 프로젝트를 진행해본 경험자였지만 그 역시 이번 일은 여간 신경 쓰이는 것이 아니었다. 로버트는 방법론을 준수하고, 꼼꼼했으며, 영락없는 회계원의 모습이었다. 처음 그를 만났을 때 솔직히 문제해결의 실마리조차 보이지 않았다. 하지만 지금 로버트는 자신을 압도할 만큼

성장했다. 그런 그가 대견스럽기도 했다. 어느덧 벤과 로버트는 효과적인 프로젝트 팀으로 거듭나 있었다.

처음 서로를 만났을 때, 벤은 참을성을 길러야만 했다. 업무의 순서를 부여하는 것과 자원, 견적 등 세부적인 사항을 계획하기 위해서 로버트는 너무나 많은 시간이 필요했다.

로버트는 어떠했을까? 그 역시 참을성을 가져야만 했다. 벤은 머리글자를 이용하거나 약자를 사용한 용어를 주로 사용했다. 기술적인 프로젝트 용어를 하나도 모르는 로버트는 풀어서 설명해주길 요청했다. 그런 그에게 벤은 다소 거만한 모습으로 설명을 했었다.

하지만 시간이 갈수록 팀워크가 발휘되었다. 그들은 캘리가 자신의 팀에 배정해준 직원들과 함께 계획 프로세스를 밟아갔다. 포스트잇과 노트에 해야 할 일을 각자 빠짐없이 적어나갔다. 그리고는 자연스럽게 포스트잇을 이동시키면서 순서에 맞게 진행했다. 그럼으로로써 먼저 어떤 일을 해야 하며, 다음에는 어떤 일을 진행해야 하는지에 대한 진행순서를 놓치지 않을 수 있었다. 즉 일과 일 사이에

관계를 만들어줬다.

물론, 좌절하고 싶을 때도 많았다. 캘리가 투입해준 제품 디자이너와 기술 디자이너는 서로의 대안을 진행시키기 위해 수시로 논쟁을 했다. 둘은 의견을 굽히지 않았고 감정이 상할 때까지 헐뜯었다. 그런 둘을 위해 로버트와 벤은 며칠을 투자하여 의견을 조율했다. 운송 부서의 관리자도 자신의 직원이 계획 단계부터 필요한 것이 마음에 들지 않아서 프로젝트 일에 참여하기를 반대했다. 팀은 다시 난항에 빠졌고 결국 캘리가 나서서 전화로 설득했다. 그제야 다시 일이 매끄럽게 진행되었다. 마무리 단계가 될 때쯤에는 생산 부서 관리자가 자원, 시간, 견적 등에 대해 불만을 가졌다. 그를 설득하기 위해 또다시 로버트와 벤은 많은 노력을 기울였다.

벤과 로버트의 목표 날짜는 이러했다. 회사는 매년 5월 마지막 주 월요일에 야유회를 개최한다. 그래서 그 전에 세부적인 업무의 진행순서를 정해두려 했다. 여전히 캘리는 여름이 오기 전에 반드시 제품생산 작업을 시작하길 원했다. 따라서 야유회가 있기 전 금요일에 최종적으로 프로젝트 기간 중에 해야 하는 일들을 모든 팀원이 합의하고 서명했다. 그리고 다음 주에는 자원, 시간, 견적 등에 대한 토의를 하기로 약속했다.

매년 직원들의 친목도모를 위한 야유회 행사는 창사 이후 한 해도 빠짐없이 치러졌다. 이사회에서도 성과를 기리며 회사 가족들에게 감사의 마음을 가졌다. 행여 회사가 어려운 시기더라도 이날만큼은 비용을 아끼지 않았다.

도심의 가장 좋은 장소에 위치한 포리스트 인더스트리는 마치 공원을 연상시킨다. 단풍나무와 잣나무도 줄지어 늘어서 있고 그런 주변 환경이 직원들에게도 늘 힘이 되었다. 야유회 날은 유럽과 아시아 출신의 최고급 주방장을 초빙하여 직원들에게 최상의 음식을 대접했다. 신나는 분위기를 위해 다양한 악단들의 공연도 계속되었다. 올해도 어김없이 꽃 줄로 장식한 나무, 테이블, 벤치 등이 야유회의 분위를 한층 높였다. 거의 모든 직원들이 아이와 배우자 혹은 소중한 연인들을 데리고 왔다. 포리스트 인더스트리는 가족을 중요하게 여겼기 때문에 야유회도 가족행사처럼 꾸며졌다. 다양한 놀이가 운동장 여기저기서 열리고 있었기 때문에 가족들 역시 다양하게 즐길 수 있었다.

이 행사를 주관한 사람은 캘리와 루시였다. 특히 루시는 행사가 즐거운 분위기에서 진행되고 있는 것을 보며 내심 기뻐하는 눈치였다. 만나면 싸움만 하는 그녀들이지만 이 날만큼은 누그러져 행사를 즐기고 있었다.

한편 로버트도 자신의 아내와 두 딸을 데리고 행사에 참여했다. 대학 졸업 후, 바로 포리스트 인더스트리에서 일했기 때문에 로버트의 가족들은 누구보다 다른 가족들과 잘 어울렸다. 이날은 바쁜 업무 중에서도 서로가 어떻게 지내고 있는지 알 수 있는 귀중한 시간으로 자리 잡았다.

물론 찰스도 최근에 사귄 여자친구를 데리고 왔다. 그에게 이날은 회사의 고위급 사람들과 이야기를 할 수 있는 절호의 기회였다. 자신의 여자친구 제인은 지역 광고, 마케팅 대행사에서 일하고 있었다. 그녀는 중역 부인들과 자연스럽게 이야기를 했고 찰스는 그 옆에서 그들을 자신의 고객으로 만들기 위해 틈틈이 기회를 엿보고 있었다. 확실히 제인와 찰스는 한 통속이었다. 중역 부인들을 이용해 더 빨리 성공하려 하는 마음은 똑같았기 때문이다.

참여한 모든 사람들은 완벽한 하루라며 캘리에게 찬사를 보냈다. 캘리는 자신이 하늘의 구름도 없앴다며 농담을 건넸다. 직원 몇 명이 다가와 캘리와 루시가 2인3각 경기에 나가길 권유했다. 잠시 곤란해하는 듯 마지못해 참가했지만 놀랍게도 3차전까지 가는 성과를 거뒀다.

날이 저물기 시작하자, 저녁 식사가 대형 식탁에 차려졌다. 모두들 진수성찬을 고대하고 있었다. 올해 역시 실망스럽지 않은 식사였다. 핀란드 출신의 유명한 주방장이 왕을 위해 준비했던 저녁을 전 직원들에게 선보였다. 그는 유럽 왕족들을 위한 요리를 전공한 검증된 요리사였다. 로버트는 훌륭하고 정교한 요리에 감탄했다. 어떻게 요리를 하고 있는지 궁금해서 아내와 몰래 주방장들의 텐트에 숨어들어갔다. 한참을 넋 놓고 보고 있는 그들을 위해 특별히 편하게 볼 수 있도록 보조요리사가 배려해주었다. 로버트의 아내 메리는 섬세한 그 과정을 일일이 메모했다. 로버트는 그런 그녀가 너무나도 사랑스러웠다. 언젠가 자신의 식탁에서도 등장할 것을 알고 있었기 때문이다.

CHAPTER 6

저녁 식사가 끝나고 대부분의 사람은 마케팅 부서와 운송 부서 간의 소프트볼 게임 연장전을 보러 갔다. 메리는 잠시 쉴 겸, 여자휴게실로 갔다. 그 안에는 젊고 세련된 한 여성만이 있었다. 바로 찰스의 여자친구 제인였다. 메리가 먼저 대화를 시도했다.

"즐거운 야유회입니다, 그렇지요?"

제인는 메리가 무안해질 정도로 차갑게 대답했다.

"색다르고 재밌네요. 판매성과 파티처럼 훌륭하지는 않지만, 야외를 좋아하는 사람들에게는 마음에 들겠군요."

메리 역시 이런 타입의 여자는 좋아하지 않는다. 오랜 시간 같이 한다면 속이 터질지도 모른다는 생각을 하면서 간신히 말했다.

"저는 메리예요."

"제인입니다."

굉장히 의례적인 말투였다. 제인은 자신의 경력에 도움이 되지 않을 것이 확실하다고 판단한 것 같았다. 메리를 쳐다보지도 않고 앞에 있는 거울을 통해 자신의 모습을 비춰보고 있었다. 메리는 목례를 하고 그곳을 나가려 했다. 그 순간 낯익은 목소리가 들려왔다. 제인도 순간 호기심을 가지며 문 밖에 귀를 기울였다. 새어나오는 목소리는 썩 밝게 들리지 않았다.

"마음이 무겁군."

캘리인 것 같았다. 그녀의 말이 끝나자 깔깔대며 루시가 대꾸했다.

"결국 이 몇 주간 언니가 보여줄 수 있는 것이 '비즈니스 케이스' 뿐이라고?"

"너 좀 조용히 할 수 없니? 누가 듣겠어."

"오, 걱정마! 모두들 소프트볼 게임에 빠져 있을 테니까. 이거 너무 쉽게 이기는 거 아니야? 곧 언니가 잘못되었다는 것이 확인되겠군!"

그녀의 말을 막고 캘리가 끼어들었다.

"다시 말하지만 아직 어떤 프로젝트도 끝나지 않았어. 난 여전히 로버트를 믿고 있다고!"

"꿈 깨, 언니. 그는 이미 잘못된 선택을 했어. 실패를 거듭한 프로젝트 관리자를 찾아가 도와달라고 했어. 그들이 할 수 있는 건 계획서를 짜고, 문서를 만들고, 차트를 구성하는 것뿐이야. 그들은 실질적인 결과를 만들어낼 수 없어. 찰스는 이미 프로젝트의 제품 틀을 만들고 벌써 반 이

상을 진행했다고 말했어. 왜 자신이 내기에서 졌다고 순순히 인정하지 않는 거야?”

엿듣고 있던 두 여자는 얼굴이 굳어져갔다. 캘리와 루시가 말하는 남자가 상대방의 남자인지는 눈치 채지 못했지만 자신의 남자가 내기의 볼모라는 것은 확실히 알게 되었다. 둘은 충격으로 가득찼다.

“루시, 난 포기하지 않을 거야. 이것만 기억해! 우리는 아직도 프로젝트 진행 중이야. 끝난 게 아니라고. 찰스가 실질적으로 완성된 제품을 생산했을 때 나에게 말해.”

여전히 루시는 비웃음으로 일관했다.

“오케이, 오케이, 알았어. 내가 기다리도록 하지. 결과는 곧 나올 거야. 언니의 작은 팀이 고작 문서나부랭이로 끙끙대며 실패를 맞볼 때, 나의 찰스는 제품을 시장에 내놓게 될 거야.”

캘리는 더 이상 루시와 말하고 싶은 기분이 아니었다. 서둘러 말했다.

“루시, 우리 이제 야유회 장소로 돌아가는 것이 좋겠어.”

“내기가 시시하게 끝나지 않도록 도와달라고. 그리고

똑똑히 봐. 나의 프로젝트가 성공하고 크게 히트 치는 모습을 말이야."

둘의 대화가 끊기고 정적이 감돌았다. 제인과 메리도 휴게실을 빠져나왔다.

"와우, 꽤 재미있게 되었는데?"

제인이 키득거리며 웃음을 참으며 덧붙여 말했다.

"로버트 같은 사람은 보나마나 구제불능일 거야. 분명 실패하게 될 거라고. 아, 궁금해지는 걸…. 도대체 내기로 무엇을 내걸었는지가 말이에요."

제인의 말이 끝나자 메리는 진지하면서도 방어적인 태도로 대꾸했다.

"어떤 누구도 실패자로 부르고 싶지 않아요. 그들 자매는 두 명의 유능한 사람들을 자신들의 내기 대상으로 만들었어요. 이런 일로 회사의 자원을 내거는 건 경영진으로서 무책임한 행동이라고 느껴집니다."

"오, 그것 때문에 더 흥미진진해지지 않나요?"

제인은 휙 하니 돌아서서 손을 흔들며 말했다.

"메리, 즐거웠어요. 야유회의 나머지를 즐기시죠. 그럼."

CHAPTER 6

그녀의 모습은 마치 방금 전에 들은 이야기를 한시라도 빨리 찰스에게 전해주려고 가는 모습이 역력했다. 달려가다시피 그 자리를 떠났고 남겨진 메리는 걱정으로 가득 찼다. 로버트가 밤을 지새우면서 프로젝트에 매달려 일했던 것이 떠올라서였다. 이번 프로젝트 역시 매우 신중하게 처리하려고 노력한 것을 메리는 누구보다 잘 알고 있었다. 마음이 무거워졌다. 벤의 도움으로 일하는 것도 즐거워했고, 또 둘 사이에 우정도 싹트고 있었다. 단순히 자신이 내기의 볼모라는 것을 알게 되면 얼마나 좌절할지 그녀 역시 괴로웠다.

메리는 소프트볼 게임이 끝날 무렵 로버트를 찾았다. 운송 부서가 마케빙 부서를 11회 연장에서 1점 차이로 이기게 되었다. 경기는 끝났고 사람들은 기뻐했지만 메리는 여전히 고민에 빠졌다. 마지막 피날레로 불꽃놀이가 행해졌고 그녀는 초점을 잃은 채 물끄러미 바라보기만 했다. 집으로 가는 차 안에서 어느덧 두 딸은 그녀 곁에서 잠들었다. 로버트는 자신의 부인이 뭔가 심상치 않다는 것을 알고 있었다. 그가 나지막하게 물었다.

“여보, 도대체 무슨 일이 있었던 거야?”

그녀는 오랜 시간 말이 없었다. 그러다 조용히 한숨을
내쉬더니 조심스럽게 말을 꺼냈다.

“로버트, 우리 이야기 좀 해요.”

CHAPTER 6

최악의 경우를 대비하라

CHAPTER 07

"저는 어느 정도 알고 있었어요."

벤의 대답에 로버트는 적잖이 놀랐다. '벤은 알고 있었다니…' 로버트는 어차피 벤과 한 배를 탄 몸이라 생각하고 속내를 숨기지 않고 말했다.

"벤, 저는 이 내기에 휘둘리고 싶지 않습니다. 루시에게 화가 났고, 무엇보다 캘리가 실망스러워요. 그들이 내기를

건 금액은 프로젝트를 진행하는 데 드는 돈보다 더 큽니
다. 어떻게 그런 무모한 내기를 할 수 있죠?"

벤은 퉁명스럽게 대답했다.

"왜요? 지금 그만 둔다면 정말로 그들에게 놀아나는 것
밖에 되지 않아요. 저는 경험해서 알고 있었습니다. 그들
은 프로젝트 관리에 대해 아는 지식이 있는 것도 아니며,
중요하게 생각하지 않는다는 것을요. 제가 이미 말했던 사
실 아닌가요?"

로버트가 진지하게 말했다.

"네, 듣지 못한 건 아닙니다. 하지만 저는 용납할 수 없
습니다. 저 역시 몇 주 전만 하더라도 누군가 프로젝트 관
리 기술을 말하면 비웃던 사람이었죠. 하지만 당신 덕분에
프로젝트 관리가 얼마나 중요한 것인지 알게 되었습니다.
확실히 깨달았다고요. 누군가를 이기고 싶어서 그것에 연
연해하고 싶지 않아요. 처음으로 도전하는 것이었습니다.
성공적으로 끝날 것이라 확신하고 있었고요. 모든 것은 우
리가 세워둔 계획대로 진행되고 있었습니다. 어떤 장애물
을 만나더라도 극복할 방안을 지니고 있었습니다. 더 나아

CHAPTER 7

가 이 프로젝트로 회사의 매출이 상승하고 모두의 미래가 나아지는 근사한 작업이었다고요. 그런 작업이 한낱 자매들의 내기라니, 저는 용납할 수 없어요.”

“이미 프로젝트는 시작되었습니다. 로버트, 그리고 실패한다면 우리는 해고됩니다. 들어서 알고 있잖아요. 그들의 기대치를 충족시키지 못하면 바로 해고된다는 거…. 어찌되었든 붙들 만한 가치가 있는 프로젝트입니다.”

로버트는 한참 동안 생각에 잠겨 있었다. 그리고 지금까지 프로젝트를 진행하기 위해 그녀와 가졌던 회의도 곱씹어 보았다. 그랬더니 그녀가 순전히 내기만을 위해 도움을 주었던 것 같지는 않았다. 그녀도 무엇인가를 배우고 있다는 기분을 느꼈다. 한층 차분해진 로버트는 길게 한숨을 내쉬며 말했다.

“그렇군요. 기대치 설정도 바로 우리가 했었군요. 생각해보니 캘리는 우리가 이번 프로젝트를 원만하게 추진할 수 있도록 물심양면으로 도왔습니다. 우리들의 활동이 정당성을 가지도록 해주었죠. 물론 내기 때문에 시작한 일이겠지만, 만약 우리를 믿지 않았다면 지금의 상황까지 오지도 못했겠죠. 그녀는 우리의 이야기를 진심으로 들어주었고, 지원했습니다. 아, 그랬군요."

벤은 고개를 끄덕였다. 로버트의 말이 틀리지 않았다. 내기 조건에 따라서 위임한 것이지만 과거의 캘리와 많이 달랐다. 그녀는 많은 사항들을 로버트와 벤에게 맡겼다. 믿고 있다는 것을 느끼게 해주었고 어려운 중역들을 만나 설득했다. 벤은 달라진 캘리의 모습을 떠올리며 초창기에 다트와 함께 그녀를 설득하면서 좌절했던 시절이 떠올랐다. 아마 다트가 그녀의 모습을 봤다면 더욱 놀랐을 것이다. 로버트는 결과에 대해 전적으로 확신할 순 없었지만, 현재에 충실하기로 결심했다. 그에게 벤이 말했다.

"그녀뿐 아니라 우리에게도 다시 주어지지 않는 기회라 여깁시다. 캘리와 루시가 또 다른 계책을 꾸민다면, 그때는 기권하겠습니다. 로버트, 그럼 이제 업무에 복귀하죠. 계획 단계는 아주 훌륭했습니다. 모든 일들을 분류했고 순서에 맞게 정리해두었으니까요. 이제는 자원과 견적에 대해서 이야기할 차례입니다."

로버트는 기운을 차리기로 했다. 앞으로 남은 일들에 매

CHAPTER 7

진하려고 다짐했다.

"자원과 견적이라면 프로젝트에서 일하게 될 사람들을 구한다는 말입니까?"

"오, 로버트, 너무 서두르지 마세요. 경쟁자가 저지른 실수를 반복하지는 말자고요."

"잠깐만! 전 찰스가 내 경쟁자라는 것을 이제야 알아차렸는데, 도대체 당신은 언제 알아낸 겁니까!"

벤은 콧등의 안경을 내리며 장난스럽게 대답했다.

"그거야 기본이죠. 회사에서 추진되고 있는 프로젝트가 어떤 식으로 진행되고 있는지 빤히 보입니다. 특히 찰스는 기술을 가진 사람이 아니라 그저 자신이 원하는 사람을 뽑고 있더군요."

"이해할 수 없군요."

"제가 말해주겠습니다. 찰스는 컴퓨터 프로그래머를 요구했어요. 특히 웹에 기초한 데이터베이스 디자인을 할 수 있는 사람을 원했지요. 어떤 프로그래머가 그러한 기술들을 갖고 있는지를 회사 내에서 찾았더군요. 그리고 곧 그를 자신의 프로젝트에 배정했습니다."

"네? 벌써 그가 다가갔다고요? 벌써 낚아채갔단 말입니까? 혹시 에이미?"

"그렇습니다. 그녀의 이름이 그의 프로젝트 계획서에 들어 있습니다. 하지만 사전에 말하지 않았더군요. 그녀는 대단히 유능하고 여러 가지 컴퓨터 기술을 다룰 줄 압니다. 아주 짧은 시간에도 완벽한 프로그램을 짜곤 하죠. 능력도 뛰어나지만 인품도 훌륭해 일하기에도 안성맞춤입니다."

로버트는 순간 불길한 예감이 들었다. 그래서 벤의 말을 끊고서 물어보았다.

"왠지 '그러나'라는 말이 나올 것 같군요."

"로버트, 점점 예리해지는군요. 맞아요, 그러나 에이미의 상사가 그리 호락호락하지 않습니다. 그녀를 어떤 프로젝트에 배정하려면 상사를 설득해야 합니다. 대부분의 사람들은 그녀에 대한 사전지식 없이 무작정 찾아가서 자신의 프로젝트를 맡아달라고 부탁을 하죠. 그녀는 거절을 잘 못하는 성격이라서 대부분 허락합니다. 그렇다보니 일정은 밀리고 업무량은 걷잡을 수 없이 복잡해지기 일쑤였죠. 그녀의 모습을 본 상사는 도저히 안 되겠다 싶었는지 업무를 관리하기 시작했습니다. 그래서 에이미에게 프로젝트

CHAPTER 7

를 맡기려면 상사의 허락이 필요한 겁니다."

"아, 산 넘어 산이군요."

"로버트, 제 생각으로는 찰스도 에이미의 상사에게 허락받지 못했을 겁니다. 물론 루시도 에이미의 시간을 확실히 확보하지 않았을 것이고요. 아마 자신이 필요할 때 얼마든지 에이미의 시간을 사용할 수 있다고 믿고 있을 겁니다."

"네 그렇다면 우리는 모든 프로젝트에 배정할 사람들의 시간을 확실히 못 박아야겠군요."

"그러나 지나치게 확실히 해두어서는 안 됩니다."

로버트는 다시 헷갈리기 시작했다. 이해할 수 없다는 듯이 두 눈을 동그랗게 뜨고서 말했다.

"도대체 무슨 말입니까?"

"찰스는 자작나무 제품을 운송할 모델을 개발하기 위해서 운송 부서의 업무에 대한 전문가를 찾았습니다. 하지만 관리자에게도 프로젝트에 필요한 기술에 대한 내역은 알리지 않았죠. 그는 **우홋(WUHOT)**에 불과하니까요."

"우, 왓(Huh, What)?"

"우, 왓(Huh, What)이 아닙니다."

로버트는 벤가 무슨 말을 하는지 전혀 알 길이 없었다. 벤는 차근차근 설명하기 시작했다.

"로버트, 우훗(WUHOT)이라는 것은 **의사결정을 할 수 있는 사람**(Walks Upright, Has Opposable Thumbs)이란 뜻입니다. 미안해요, 자꾸만 머리글자를 써서….."

"아뇨, 괜찮습니다. 덕분에 공부는 되니까요. 앞으로는 미리 설명해주세요. 제가 또 알아야 할 것이 있나요?"

"사람들이 벌이는 정치적 게임은 항상 존재합니다. 일단 그것이 발생하면 잘 다루어야 해요. 오히려 계획 단계보다 실행 단계에서 명확하게 나타나곤 하죠. 만약 발생하게 되면 잘 다룰 줄 알아야 합니다. 그전에 필요한 기술이 무엇인지 파악하는 것도 중요하고요. 그러고 나서 가능성을 따져가면서 구체적인 이름을 언급해야죠. 우선 회사 내에서 찾고, 여의치 않으면 회사 밖에서도 알아봐야 해요. 그것을 **아웃소싱**_outsourcing_이라고 합니다.

그러고 나서 활용 가능성을 따져가면서 구체적인 이름을 거명해야 합니다. 그러면 문제없습니다."

로버트와 벤은 다음 며칠 동안 기획팀과 함께 프로젝트 계획의 전반적인 업무가 필요한 기술이 무엇인지 파악해 나갔다. 종종 로버트는 과정을 생략한 채 필요한 사람의 이름만을 거론했다. 그때마다 벤에게 제지당하며 과정이 얼마나 중요한 것인지에 대해 들어야 했다. 로버트는 더 나은 프로젝트 계획을 성립하기 위해서 이러한 특별한 단계가 필요함을 알게 되었다. 그와 벤은 마지막으로 캘리와 의논한 후, 필요한 인원을 결정했다. 그리고 그들이 속한 각 부서의 관리자들과 대화를 통해 프로젝트 요구사항을 설명했다. 회사 내에 사람이 없을 경우에는 필요한 기술을 가진 사람을 아웃소싱했다.

일단 사람들이 정해졌고, 로버트와 벤은 일일이 그들과 미팅을 가지며 일을 완수하는 데 소요되는 시간에 대해 논의했다. 그들은 각각의 견적을 구상했다. 그 **견적 안에는 일의 양(업무을 수행하는데 소요되는 시간)과 기간(소요되는 시간을 달력의 일자로 표시), 그리고 원가(인건비와 자재, 재료비를 포함한 예산)가 포함**되어 있었다. 벤은 모든 일이 느슨해지지 않도록 로버트를 비롯한 모든 팀원들에게 당부했다. 전체 기간이 2주를 넘지 않고 일의 양도 100시간을 넘지

않도록 쐐기를 박았다. 이렇게 하면 앞으로 8주 동안 95%
의 완성은 될 것이라고 벤은 설명했다. 마지막으로 남은
5%가 전체 95%를 좌지우지할 정도로 중요하다는 말도
덧붙였다.

　가끔 견적에 대한 이견이 생길 때가 있었다. 그럴 때면
그 업무를 가장 잘 아는 사람에게 부탁해서 원인부터 파악
했다. 많은 시간이 필요한 과정이었지만 결국에는 위험요
소를 최소화할 수 있었다. 너무 간단한 일이라 별다른 위
험요소가 없을 시에는 준비기간을 적게 잡았다. 반면 애매
한 일이나 좀더 자세히 논의할 필요가 있는 일 등은 많은
준비시간을 가졌다. 서로 간의 커뮤니케이션에 오해가 없
도록 확인하고 또 확인했다.

　로버트가 벤에게 배운 대로 견적을 만들 때는 시간이든
돈이든 그것에 관한 대비책을 만들었다. 로버트는 악명 높
은 머피의 법칙이 프로젝트 팀에도 적용된다는 벤의 충고
를 잊지 않았다. 그는 놀랍게도 여러 면으로 잘 준비했다.
그럼에도 불구하고 이번 프로젝트는 여전히 불명확한 업
무들이 있었다. 많은 시간을 투입해도 해결하지 못한 경우

에는 어쩔 수 없이 시간과 돈을 더 할당할 수밖에 없었다. 벤과 로버트, 그리고 캘리는 예상보다 많은 자원이 투입될지도 모를 경우를 위해 예비비를 준비하도록 합의했다. 그날 회의를 마치며 벤은 보이스카우트 시절에 들었던 말이라며 웃으며 말했다.

"최고를 예상하되, 최악의 경우도 대비하라."

프로젝트 계획에 대한 점검일이 점점 다가왔다. 로버트는 프로젝트가 나아갈 방향이 이제는 확실히 자리 잡았음을 느꼈다. 벤은 비장한 표정으로 로버트를 불렀다.

"안심하긴 이릅니다."

"뭔가 더 있단 말입니까?"

로버트가 거의 신음소리를 내뱉듯 물어보자 벤이 의미심장한 투로 말했다.

"그렇게 많지는 않아요. 실행 단계에 가기 전 알아야 할 몇 가지 사항이 있습니다."

"예를 들자면…?"

"위험과 가정들의 재점검이죠. 비즈니스 케이스에 모든 것을 기록했지만, 이제야 자세한 프로젝트 계획을 만들었잖아요. 투입할 모든 자원들도 정해졌지만, 무엇이 잘못되고 무엇이 더 잘 돼야만 하는 것인지 다시 생각해봐야 합니다. 비즈니스 케이스를 작성할 때보다 더 많은 정보로 승부해야 합니다. '지금 하지 않는다면, 나중에 장애물이 될 것이다' 라는 말, 기억하고 있죠?"

로버트는 대답 대신 고개를 끄덕였다. 벤은 화이트보드를 가져왔다. 그리고 둘은 발생할지도 모를 상황을 대비하여 브레인스토밍을 시작했다.

가정

- 프로젝트 계획에 필요한 자원들은 필요할 때 투입 가능하고, 재투입이 되지 않는다.
- 비즈니스 환경의 변화로 프로젝트가 변경되지 않는 한, 예산도 변경되지 않는다.
- 프로젝트 후원자인 캘리는 필요한 지원요청에 대해 휴일을 제외하고 3일 정도를 제공한다.
- 프로젝트 이해관계자들은 휴일을 제외하고 5일 정도 문서들을 검토하고 승인(혹은 피드백 제공)한다.

- 프로젝트에 투입되는 모든 사람은 표준화된 소프트웨어를 사용하고, 그들에게 필요한 장비와 물자들은 요구시 바로 지급한다.
- 협력업체인 바크와 바이트 사는 서비스계약 협정에 명시되어 있는 조건에 따라 조립부속품과 부품들을 제공한다.
- 이 프로젝트 기간 중에는 경제적 상황이나 불가항력에 영향을 받지 않는다.

벤은 일어날 수 있는 가정들을 쭉 써내려갔다. 마지막 항목까지 쓴 뒤, 말했다.

"이렇게 적어두며 관리하는 것이 필요합니다. 로버트, 당신도 위험에 대해 적어둘 필요가 있습니다. **위험을 미리 알아두는 것과 실행하는 힘은 정비례한다고 생각해요.** 프로젝트를 실행하는 것과 동시에 언제 나타날지도 모르는 위험을 생각해야 한다는 말이죠. 프로젝트 관리자인 당신은 이해관계자들과 커뮤니케이션하고 위험상황을 만났을 때 그것을 처리할 수 있는 여유시간을 챙겨야 합니다. 위험이나 문제가 발생한 날, 해결돼야 하는 시기, 그 위험이나 문제를 제기한 사람, 해결책에 대한 자세한 기술 등을 기록할 일지가 필요해요. 즉 **코다**(KODA)를 만들어야 하죠."

"코다라고요? 아직도 남아 있는 머리글자가 있습니까?"

로버트의 말에 신경 쓰지 않겠다는 듯 벤은 말했다.

"위험이나 문제가 제기될 때마다 그것에 대해 누가 **알**(KNOW) 필요가 있는지 파악해야 합니다. 또한 그 위험을 자신의 **책임**(OWN)으로 인정하고 깨끗하게 해결할 때까지 맡고 있을 사람이 누군지도 명확히 해야 하죠. 뿐만 아니라 그 문제를 해결하기 위한 과업들을 **실행**(DO)할 사람들에 대한 문서화도 중요합니다. 마지막으로 위험과 해결책에 대한 해당 분야 전문가들의 **조언**(ADVISE)도 받을 수 있도록 해야죠."

로버트는 노트를 꺼내서 잊어버리지 않도록 차분히 벤의 말을 기록했다.

CHAPTER 7

위험관리 이해관계자들

KNOW 알게 하라!

– 위험을 반드시 알아야 할 사람들

OWN 책임지게 하라!

– 위험을 깨끗하게 해결할 책임자들

DO 실행하게 하라!

– 그 문제를 해결할 사람들

ADVISE 조언하도록 하라!

– 해당 분야 전문가들

로버트의 기록이 끝나갈 무렵 벤은 입을 열었다.

"지금까지는 잘되었습니다. 이제는 변경사항에 대해 이야기합시다."

'변경'이라는 말이 나오자 로버트는 심기가 불편해졌다. 도대체 또 변경에 대해 고민해야 한다는 사실이 기운 빠지게 만들었다.

"지난 몇 주 동안 변경사항이 발생하지 않도록 모든 것을 정의했는데….”

"아무리 계획을 잘해도 변경사항은 발생합니다. 어렸을 때 다른 애들과 술래잡기 했을 때를 생각해보세요. 당신이 '술래'였을 때, 이웃 꼬마를 쫓으려고 어떻게 했던가요?”

아련한 추억이 떠오르는지 로버트는 미소를 지으며 말했다.

"대니라는 골치 아픈 녀석이 있었어요. 잡으려고 다가갈 때마다 그는 '홈 베이스'를 바꾸었죠. 원래는 덤불이었는데, 깃대나 소방호스, 느티나무로 말이죠.”

"그가 게임 중간에 규칙을 바꾸었다는 말이죠?”

"아, 그렇군요. 그렇게 볼 수 있겠군요.”

"그렇지요, 당신의 프로젝트에는 대니 같은 사람들이 득실거립니다. 일단 사람들에게 프로젝트 계획이 승인되었다고 말하면, 그들은 정해진 날짜에서 벗어나서 범위, 일정, 예산 등을 변경하기 시작합니다. 한 가지 명심할 것은 모든 변경이 나쁜 것은 아닙니다. 물론 때때로 통제할 수 없는 일들이 발생하겠지만요. 때때로 비즈니스 케이스가 바뀔 수 있고, 그에 따라 변경해야 할 요소들이 자연스럽게 나타날 겁니다. 해결책은 변경을 원하는 프로세스 관리입니다. 절대 변경 자체가 나쁘진 않아요. 일반적으로 변경을 요구한 사람이 견적을 만들도록 해야 합니다. 어떤 영향을 미칠 것인가에 대한 세부사항을 기록한 양식과 보고서를 직접 만들도록 말이죠. 그 후에 당신과 캘리가 점검을 하고 견적을 승인하거나 거부하면 됩니다. 그리고 그에 따라서 프로젝트 계획을 수정하고요.”

“훌륭하군요.”

“마지막은 **인프라**입니다. 언제 어디에서 회의를 개최할지, 시간은 얼마나 걸릴지, 문서는 어디에 보관할지, 어떤 소프트웨어가 표준인지를 모든 이해관계자들에게 반드시 알려주어야 합니다. 실질적인 일이 시작되기 전에 모든 사람들의 기대치를 설정하는 데 도움이 될 겁니다”

로버트는 한숨을 내쉬었다. 지난 몇 주 동안 그들은 먼 길을 달려왔다. 그는 캘리가 견적을 승인하도록 노력했고, 세부사항에 대한 질문이면 답할 수 있도록 근거를 만들었다. 캘리는 점점 로버트를 믿으면서 후원자 역할을 톡톡히 해주었다. 어느덧 벤도 정해둔 기간과 예산 안에 좋은 품질의 제품을 생산할 수 있겠다는 자신감이 생겼다. 프로젝트 관리자인 로버트에게 있어서 벤의 도움은 엄청났다. 그는 로버트가 도태되지 않도록 이끌어주었다. 이제 그들은 프로젝트 계획을 실행할 만반의 준비를 끝냈다.

CHAPTER 7

도대체 왜

모두 날 배신하는 거야

CHAPTER 08

　6월과 7월의 여름은 쏜살같이 지나갔다. 두 프로젝트는 쉼 없이 진행되어 8월을 맞이하고 있었다. 히코리나무 프로젝트는 로버트의 지휘 아래 잘 진행되고 있었다. 그는 리더십까지 갖춘 프로젝트 관리자로 손색이 없었다. 야유회가 끝난 뒤, 캘리로부터 곧바로 계획 단계에서 실행 단계로 넘어가도록 승인을 받았다.

반면, 자작나무 프로젝트는 난항을 겪고 있었다. 찰스와 초기 팀원들은 프로젝트 성공에 대해 큰소리치는 횟수가 점점 줄었다. 시작 단계부터 그들은 각자에게 생길 이익을 생각하며 성공을 꿈꾸었다. 그래서인지 결과에 대해 한껏 교만해진 태도로 일을 했다. 가장 큰 문제는 찰스였다. 그의 여자친구 제인은 이번 프로젝트가 캘리와 루시의 내기라는 것을 일찍이 말해주었다. 그후, 한껏 고무되었던 찰스는 사기가 다소 저하되었다. 어찌되었든 자신의 목표는 승진이었기 때문에, 그는 승진을 위한 노력을 하기로 했다. 그래서 프로젝트를 가지고 끙끙대는 것보다 이사회 임원들과 수시로 접촉하면서 얼굴을 익히며 지냈다. 3시간짜리 점심식사와 골프 경기에 하루 일과 중 많은 시간을 투자했다. 자신의 프로젝트는 뛰어난 사람들의 손에 맡기기로 하고서…. 운명을 결정하는 주가 다가오고 있었지만 여전히 자신만만했다.

"나이스 샷!"

호들갑스럽게 박수를 치며 찰스가 외쳤다. 그는 이날도 어김없이 임원들과 골프 경기를 하고 있었다. 바로 그때

시끄러운 행진곡이 울려퍼졌다. 찰스는 하필 이럴 때에 전화가 오는 거냐며 밉살맞게 핸드폰을 꺼내고는 필드에서 조금 벗어난 곳으로 이동했다.

"예, 제가 찰스입니다만."

그는 한참 동안 전화기에 귀를 대고 있었다. 하지만 시간이 갈수록 그의 얼굴은 폭발하기 일보 직전처럼 보였다. 심지어 아랫입술을 피가 맺혀라 깨물고 있었다. 잠시 후, 그는 소리쳤다.

"어떻게 그런 일이 일어났을 수가 있어! 그 친구에게 일을 제대로 좀 하라고 그러세요. 왜 단 하루도 날 그냥 내버려두지 않는 거야!"

찰스는 거의 이성을 잃은 것 같았다. 한껏 미간을 찌푸리며 말했다.

"지금 필드에 나와 있어. 한 시간 이내에 사무실로 갈 테니까, 더 이상 일을 망치지 말라고! 알겠어?"

전화기를 끊으면서 애써 태연하게 웃으려고 노력했다. 비록 대수롭지 않다는 듯이 소리쳤지만 그의 머릿속에는 아스피린 생각이 간절했다. 얼마 전부터 그는 제산제와 아스피린에 의존하고 있었다.

　자신의 사무실로 돌아온 그는 곧바로 위기상황을 간파했다. 그리고 이 일의 책임자가 누구인지 찾으려 애썼다. 이런 행동은 요즘 만들어진 그의 하루 패턴이었다. 자작나무 프로젝트는 대단히 낙관적으로 출발했다. 프로젝트에 자신의 비전을 담았고, 최고의 자원을 요청했고, 해당 부서에서 즉각적인 인력을 지원 받았다. 팀원들에게 진행상황을 물어볼 때마다, 항상 '잘되고 있습니다'라는 말을 들었다. 찰스는 그 말에 전혀 의심하지 않았다. 그래서 세부사항에 대해 더 이상 묻지 않았다.

　몇 주 후에 이해관계자 회의가 있다. 회사 감사들이 프로젝트 진행상황 보고서를 받아보길 원했다. 그때까지만해도 모든 것이 문제 없어 보였다. 감사원들이 요구하는 문서를 팀원들에게 요청했다. 하지만 돌아오는 답들은 굉장히 모호했다. 모든 것이 잘 진행되고 있다고 보고했던 팀원들은 이리저리 교묘하게 핑계를 대고 발뺌을 했다.

　운송 모델이 도착하기로 한 날이었다. 골프 경기가 끝나고 그는 잠시 기다리기로 했다. 그러면서 회심의 미소를 지었다. 그는 뭔가 잘 풀리지 않는 상황에서도 운이 좋았

CHAPTER 8

기 때문이다. 이번에도 그럴 것이라며 안심했다. 도착하면 회의날 감사들에게 보여줄 예정이었다. 시간이 자꾸만 흘러갔다. 왜 운송 모델 담당인 리스가 자신을 찾아오지 않는지 의문만 쌓였다. 처음 그녀가 팀에 배정받았을 때, 사실 못마땅했었다. 하지만 운송 부서 관리자는 그녀가 그 일에 대해 최고의 실력을 가진 인물이라고 주장했다. 찰스는 딱히 다른 사람도 없었기 때문에 리스를 믿기로 했던 것이었다.

기다리다 못한 찰스는 리스를 찾아가기로 했다. 리스의 사무실 문을 열고 가볍게 벽을 두드렸다. 그는 운송 모델에 대해 묻기 시작했다. 그런데 찰스의 이야기를 듣는 리스는 매우 어리둥절해 보였다.

"잠깐만요. 지금 무슨 소리를 하시는 건가요?"

"리스, 기억이 안나요? 몇 주 전에 나를 위해 컴퓨터 프로그램으로 운송 모델을 개발해주기로 했잖아요. 지금 그것을 받아야 한다고요."

찰스는 다리에 힘이 풀렸다. 정신을 가다듬으려고 애쓰는 그를 빤히 쳐다보며 리스는 여전히 무표정한 상태로 대꾸했다.

"그래요. 제가 도와주기로 했다 합시다. 도대체 기획서는 어디 있나요?"

"자료는 이미 넘겨주었잖아요. 오늘은 공장으로부터 고객들에게 줄 제품 모델이 오기로 한 날입니다."

"그랬던가요? 으음…, 무슨 제품이었죠?"

"자작나무! 지난 3개월 동안 당신이 투입되었던 그 프로젝트 말이죠!"

찰스의 목소리는 점점 커졌다. 그럼에도 리스는 여전히 덤덤히 말했다.

"그으…런데, 음… 어떤 프로젝트죠?"

"오, 맙소사!! 그동안 무엇을 만들었나요? 당신 컴퓨터에는 저에게 보여줄 어떤 모델도 없나요?"

찰스는 좌절을 넘어 고래고래 소리를 질렀고, 리스는 어이없어했다. 그녀는 책상 옆에 삐죽하게 나온 자판기의 모서리에 팔꿈치를 대며 물었다.

"무슨 컴퓨터 말이죠?"

찰스는 분통이 터져 머리를 흔들면서 그 자리를 박차고 나왔다.

CHAPTER 8

다음 날 팀원에게 제품 틀의 부품 프로그램이 어떻게 되고 있는지 물었다. 그들은 제품을 만들기 전에 대부분의 책임은 찰스에게 있다는 것을 명확히 하고 시작했다. 찰스 역시 '간단하다'라는 이야기를 들은 바 있기에 그 일을 맡은 프로그래머가 거뜬히 해냈을 거라고 생각했다. 그는 부푼 기대를 안고 에이미의 사무실로 뛰어갔다. 그녀는 사내에서 가장 뛰어난 프로그래머였다. 찰스는 자신의 프로젝트에 그녀의 이름을 올리기를 아주 잘했다고 생각하고 있었다. 그녀라면 며칠 만에 수준 높은 컴퓨터 프로그램을 짤 수 있다고 믿고 있었다. 에이미는 거대하게 쌓인 서류 더미 뒤에서 갑작스럽게 뛰어 들어온 그를 올려다봤다. 찰스는 깜짝 놀랄 정도로 큰 목소리로 말했다.

"에이미, 저 알죠? 자작나무 프로젝트 관리자인 찰스입니다. 제 프로젝트가 어느 정두 진행되었죠?"

에이미는 난처한 듯 대답했다.

"프로젝트가 무엇인지 물어봐도 되나요?"

"자작나무! 당신이 속한 프로젝트입니다. 저희 제품 틀의 부품을 당신이 만들어주기로 했지요. 알고 있나요? 제 프로젝트 계획에 당신이 속해 있다는 사실을…."

"제가 그것을 알고 있었나요? 저 지금 굉장히 바쁘거든요."

찰스는 이미 확신에 찬 판매사원의 모습을 잃은 지 오래되었다. 에이미에게 떨리는 목소리로 말했다.

"그래요, 당신이 그것을 알고 있었는지는 확신할 수는 없네요. 그러나 당신 이름은 분명 제 프로젝트 계획서에 올라 있는데…."

찰스는 그녀에게 이름이 기재되어 있는 업무파일을 보여주었다. 에이미는 약간 짜증인 난다는 표정이었다.

"저의 상사가 이것을 알고 있나요? 저의 시간 대부분을 그녀가 관리합니다. 당신도 알다시피, 저는 이미 몇 개의 다른 프로젝트들을 위해 일하고 있어요."

에이미는 자신의 책상 주변에 쌓여 있는 수많은 파일더미를 가리켰다.

찰스의 머릿속은 혼미해져갔다.

"글쎄…, 잘 모르겠네요. 전 상사에게 말해야 한다는 사실을 몰랐는데, 프로젝트 계획에 당신의 이름을 올리기만 하면 되는 것으로 생각했었는데…."

“이름이 뭐라고 했죠? 아, 찰스. 잘 생각해봐요. 프로젝트 계획서에 이름을 올려두었다는 것이 무슨 마법의 요술봉이라도 되나요? 제가 당신의 프로젝트에 포함되었다고요?”

에이미는 불쾌한 듯 쏘아붙였지만, 찰스는 희망의 끈을 놓지 않으며 말을 건넸다.

“그래서, 해주실 수 없는 건가요?”

“죄송합니다, 너무 바빠서요. 다른 프로그래머를 찾으십시오. 제 관리자가 히코리나무 프로젝트의 중요한 기술 부품들을 만들어주라고 저에게 말했습니다. 로버트를 만나보셨나요? 당신의 프로젝트에 저를 포함시키고 싶으시면 그에게 가서 이야기하세요. 그는 벌써 몇 주 전에 저와 상사에게 말했어요. 프로젝트의 세부사항을 우리들에게 설명해주면서 얼마나 견적이 나올지도 물어보더군요. 그는 참으로 영리한 프로젝트 관리자였습니다. 이만 바쁘니까 나가주세요!”

패배감에 젖어들었다. 자신의 사무실로 돌아오면서 고민했다. 프로그래머를 한 명 고용하는 데 비용이 얼마일까, 일정에 맞추려면 얼마나 빨리 구해야 할지에 대해서…. 에이미를 대신할 적절한 사람을 찾기 위해 내일 여기저기에 전화하기로 마음 먹었다. 위기의 순간이었다며 고개를 흔들었다. 하지만 스스로도 상황이 악화되었을 때 더 큰 능력을 발휘해 성과를 냈던 과거를 떠올리며 별일 아닐 거라며 안심시켰다. 그는 늘 마지막 주에 판매 목표를 달성했고, 특히 경쟁이 있거나 인센티브가 걸려 있을 경우에 목표액을 초과했다.

찰스는 자신의 프로젝트에서 제조 팀원인 샘에게 전화하기로 마음 먹었다. 지난주에 샘은 감사들에게 건네줄 프로젝트의 중추역할을 하는 문서가 준비될 거라고 약속했었다. 적어도 한 사람만은 자신의 기대를 충족시켜주리라 믿었다. 몇 차례 전화를 했었지만, 샘이 받지 않았다. 그래서 예고 없는 방문이 더 나을 것이라고 생각했다.

"안녕, 샘. 예전에 약속했던 프로젝트 문서 때문에 왔는데, 아직 완성되지 않은 거야?"

갑작스런 방문에 샘은 불쾌한 듯 보였다. 떨떠름하게 인사했다.

“음, 안녕, 찰스…”

“그래, 샘. 자작나무 프로젝트 문서…”

“음, 아, 음, 거의 다 되었는데, 이봐. 원래 다음 주에 오기로 하지 않았어? 몇 개만 더 첨가하면 되는데….”

“5주 정도면 된다고 자네가 말했잖아. 얼마나 많이 남았어?”

“그래, 95% 정도 되었으니까 걱정말라고. 아주 정교한 절차라서. 설명하기가 참으로 어려워. 다음 주에 오면 어떻겠나?”

찰스가 애걸하듯 말했다.

“하지만… 좀 어떻게 안 되겠나?”

샘은 찰스를 밖으로 몰아내는 듯한 포즈를 취하며 대꾸했다.

“아, 아, 천재에게도 시간이 필요해. 가서 다음 주에 다시 오도록 해.”

찰스는 낙담했고 침울해졌다. 가슴 깊숙이 절망감만이 감돌았다. 여태까지 살아온 날들 중에 최악의 날이라 생각했다. 그때 까랑까랑한 목소리가 복도에 울려퍼졌다. 루시였다.

“오~ 나의 찰스! 나의 스타가 요즈음은 어떻게 지내시나?”

얼른 목소리를 가다듬고 확신에 찬 듯이 대답했다.

“잘되어 가고 있습니다.”

“훌륭해! 감사들이 문서를 학수고대하고 있다는 사실을 당신도 알고 있을 거야. 이 프로젝트는 아주 성공적으로 진행되고 있다고 그들에게 말해두었어. 우린 캘리를 이길 수 있을 거야.”

빠져나갈 곳을 찾느라 이리저리 눈을 굴리며 찰스가 말했다.

“물론입니다. 잘될 겁니다.”

CHAPTER 8

프로젝트 성패는 플래닝에 달려 있다

CHAPTER 09

히코리나무 프로젝트가 진행될수록 로버트와 벤은 점
점 일이 쉽게 느껴졌다. 진행상황 회의에서도 시간이 흐
를수록 수월해졌다. 하지만 계획 단계에서 그렇게 많은
노력을 기울였음에도 불구하고 그들에게도 어려움이 여
전히 출몰했다. 처음 캘리는 문제가 생기면 굉장히 불안
해하며 둘을 닦달했다. 하지만 그때마다 로버트와 벤은

문제를 객관화시켜서 침착하게 대응했다. 어떤 문제가 생길 때마다 그것에 대해 하나도 빠짐없이 그녀에게 이야기했다. 온 힘을 다해 프로젝트를 이끌고 있다는 것을 어느 누가 봐도 알 수 있을 정도였다. 그런 그들이 과거의 프로젝트 관리자와는 다르다는 것을 캘리도 알고 있었다. 크게 내색하지 않았지만 그들을 향한 신뢰는 점차 높아졌다. 어느 순간 캘리는 진행상황 회의가 오기를 기다리고 있는 자신을 발견했다. 프로젝트 후원자의 역할도 즐거운 마음으로 임했다.

로버트와 벤도 후원자로서 캘리가 여간 고마운 게 아니었다. 둘의 노력만으로 문제를 해결하려고 고민하다가 결국 해결책을 찾지 못했을 때, 캘리와 대화를 하면 신속하게 방법을 찾을 수 있었다. 그럼에도 그녀는 프로젝트 관리자는 벤과 로버트, 둘이라는 것을 계속 각인시켰다. 아마 캘리가 프로젝트를 이끄는 주인공이고, 둘은 그저 단순한 꼭두각시라는 인식을 주었다면 프로젝트는 여기저기서 삐걱거렸을 것이다.

CHAPTER 9

프로젝트 팀과 핵심 고객들까지도 이 프로젝트에 거는 기대가 컸다. 그들은 확실히 다르게 평가되고 있었다. 로버트의 자신감은 점점 커져갔지만 교만하지 않으려고 애썼다. 모든 사람들은 로버트의 계획과 그것의 진행상황을 알고 있었다. 계속해서 팀원들과 공유를 했기 때문이었다. 심지어 캘리와 무엇을 논의하고 있는지도 정확하게 알고 있었다. 물론 기밀 사안은 공식적으로 공개될 때까지 비밀로 했지만…. 팀원들은 그가 비밀을 유지하고 있더라도 여전히 신뢰했다. 실제로 자신이 알아야 할 것들은 로버트가 모두 알려주었기 때문이었다. 그들은 모두 로버트가 이전의 관리자와는 다른 훌륭한 사람이라고 평가했고 진심으로 그가 하는 일을 응원했다.

벤은 프로젝트 성공에서 커뮤니케이션이 차지하는 비중이 얼마나 큰지 로버트에게 강조했다. 그래서 히코리나무 프로젝트의 계획 단계를 마무리하기 전에, 로버트에게 알려주었다. 바로 **SHARP(빈틈이 없는)** 프로젝트 진행상황 보고서를 작성하는 기술이었다. 많은 프로젝트 관리자가 진행상황 보고서에서 단 하나의 측면에만 초점을 맞추지만 올바른 프로젝트 관리자는 다양한 관점에서 파악할 줄 알아야 한다고 설명했다. 그러기 위해서 진행상황 보고서에는 다음 다섯 가지가 들어가야 한다고 했다.

진행상황 보고서 구성요소

Statistics (통계)

Highlights (주요 사건들)

Accomplishments (성취도)

Risks (위험)

Projections (예측)

통계(Statistics)는 프로젝트에 얼마나 많은 시간과 돈이 투입되었고, 또 얼마가 남았는지에 대한 정보를 제공한다고 벤은 말했다. 그러므로 통계는 프로젝트를 대단히 객관적으로 볼 수 있게 도와준다고 말이다. 계속해서 그는 프로젝트 팀이 자신들의 시간기록표를 정직하게 기록하도록 훈련해야 한다고 주장했다. 모든 사람에게 이번 프로젝트는 새로운 영역에 대한 도전이었다. 그들에겐 학습할 것이 많았다.

로버트는 **주요 사건들**(Highlights) 부분에 앞으로 다가올 주요 일정들과 아직 해결되지 않고 남아 있거나 최근에 승인된 변경사항들을 기재했다. 모든 사람들이 진행상황 보고서만 봐도 프로젝트의 큰 틀에서 현재의 위치가 어느 정도인지 알 수 있었다.

성취도(Accomplishments)를 쓰는 칸에는 지난주에 달성한 큰 과업들에 대한 내역을 기재했다. 달성된 모든 것을 기록하는 것이 아니라 매주 5~10개 정도의 중요한 일들만 간추려서 기록했다. 벤과 로버트는 누가 그 과업을 실행해야 하고, 언제 완료해야 하며, 무엇이 발생했는가를 잊지 않고 상세하게 작성해놓았다.

위험(Risks) 부분에는 프로젝트 계획의 변경사항뿐만 아니라 주요한 위험과 문제들을 적었다. 만약 기간 중 목표했던 것을 제때 하지 못한 것이 있으면 그 내역을 기재했다. 벤과 로버트는 그 문제들을 해결하기 위해 해결책과 위험요소들 이면에 숨겨진 원인도 함께 적어두었다. 진행상황 보고서는 그들의 신뢰를 구축할 수 있는 좋은 기회였다. 잘 진행되지 않는 사항들을 솔직하게 보고함으로써, 정직과 성실로 무장한 프로젝트가 되어갔다. 캘리도 그들을 흐뭇하게 지켜보았다. 그들은 단순히 문제점을 파악하고 불평을 일삼는 행동은 하지 않았다. 긍정적인 태도로 해결책을 제공했다.

마지막으로 **예측**(Projections) 부분에서는 다음 진행상황 회의 전까지 수행해야 할 일들을 빠짐없이 기록했다. 캘리는 이러한 주간 진행상황 보고에 특별한 전율을 느꼈다. 장애물이 있었음에도 프로젝트 실행 단계는 1개월을 넘기지 않았다. 샘플로 만든 제품은 성공적이었고, 제조 부서도 찍어내기만 하면 될 정도로 준비를 마쳤다.

야유회에서 말다툼을 한 후 캘리에게는 몇 주 동안 많은 일이 있었다. 그동안 회사 내에서는 찰스가 곤경에 처했다는 소문이 자자했다. 하지만 캘리는 신경 쓰지 않았다. 단순히 루시와의 내기에서 이기는 것은 중요하지 않았다. 그녀에게는 자신의 팀이 한껏 고무해 멋지게 진행하는 모습을 지켜보는 것이 더 기분 좋은 일이었다. 프로젝트가

CHAPTER 9

끝나는 날 그들을 위하여 축제를 열어줄 생각이었다.

로버트가 캘리에게 물었다.

"지난주에 드린 변경 요청서를 검토하셨나요?"

"그래요, 아주 꼼꼼히 살펴보았습니다. 제게 준 자료를 보면 추가로 투입되는 5만 달러가 모자랄 거라 생각하지 않아요. 게다가 계획 단계에서 예비비로 현명하게 마련해 두었잖아요. 추가 금액이 대차대조표의 범위를 벗어날 것 같지 않은데요."

"그렇습니다. 저희들은 처음엔 회사 내에서 만들 수 있는 기술로도 충분할 것이라고 가정했습니다. 하지만 고객에게 맞도록 수정해야 하기 때문에 예상보다 많은 비용이 들어가더군요. 가정해놓은 것 중 하나가 빗나갔기 때문에 미리 위험계획을 세워서 준비했었죠. 다행히도 프로젝트의 최종 종료일은 변경되지 않았고요."

"그랬군요. 샘과의 문제는 어떻게 되었나요? 잘 해결되었는지 궁금하군요. 그는 계속해서 교묘한 핑계를 댔었죠. 많은 사람들이 불평을 터트리며 하소연했습니다. 저는 그의 상사를 불러서 성과향상을 위한 코칭 프로그램을 권하라고 했었죠. 지금 프로그램의 도움을 받고 있다고 하더군

요. 조금만 기다려줍시다. 저 역시 프로젝트가 지연되기를
원하지 않습니다.”

“고맙습니다, 캘리. 그로 인해 전체 팀이 좌절에 빠질
뻔했는데…. 아, 그리고 에이미를 저희 팀에 배정해주신
것에 정말 감사해요. 그녀는 원더우먼 같아요.”

“뭘요, 제가 이 자리에서 당연히 해야 할 일을 했을 뿐이
에요. 앞으로 3주의 실행 일정에는 차질이 없는 건가요?”

“네, 지금까지는 문제없습니다. 다음 주 이 시간에 또
뵙겠습니다.”

“저는 항상 이 자리를 지키고 있겠어요. 언제든 도움을
요청하세요.”

또 다른 회의실, 루시와 찰스가 진행상황 회의를 가졌
다. 사무실 가득 차가운 공기가 맴돌았다. 썩 유쾌하지 않
은 분위기였다. 그 정적을 깨고 루시가 고함을 질렀다.

“어떻게 그런 일이 발생했다는 것을 당신이 모를 수
있나?”

“사람을 배정하기 위해 관리자의 허가를 얻어야 한다는
것을 제가 어떻게 알았겠습니까?”

찰스가 맞대응을 했지만, 그의 목소리는 떨고 있었다. 루시는 두통을 호소하듯 이마에 손을 대며 말했다.

"지난 몇 개월 동안 이 프로젝트로 최고의 자리에 오를 줄 알았는데…, 당신이 어떻게 그렇게 할 수가 있지…?"

찰스는 건들거리며 비꼬는 식으로 반격했다.

"이봐요, 루시. 몇 차례나 회의에서 그것에 대해 이야기했습니다. 왜 저에게 이 모든 것을 뒤집어씌우려고 하나요? 당신은 항상 회의내용을 기록하지 않았어요. 뿐만 아니라 바쁘다며 자리를 비우기 일쑤였고, 당신의 비서와도 충분히 이야기할 수 없었습니다."

루시는 강력하게 대꾸했다.

"찰스, 어떻게 지금 와서 그런 식으로 말할 수가…. 요 근래 당신을 유심히 살펴보았었지. 이미 난 실망했다고! 당신에게 많은 기대를 했었는데, 한순간에 엉망이 되어버렸군. 비단 프로젝트만이 아니라 당신도 말이지."

실제로 세련되고 깔끔했던 찰스는 최근 들어서 그 모습이 많이 일그러졌다. 어떤 날은 사무실에서 온밤을 지새우고 초췌한 모습으로 회의장에 나타났다. 담배도 피우기 시작했다. 머리 모양도 형편없이 헝클어졌다. 자작나무 프로젝트가 루시의 스타마저도 확실하게 희생시키고야 말았다. 그는 제인과도 결별했다. 그러면서도 프로젝트 결과에는 알 수 없는 자신감만이 가득했었다.

캘리와의 내기가 실패에 임박했음을 절감한 채, 루시는 세차게 몰아붙였다.

"찰스! 이 달 마감 일자를 지킬 수 있겠나?"

"예…, 정확하진 않지만…, 아시다시피 모든 팀원을 잃어버렸어요. 문제를 일으킨 사람은 말할 필요도 없고요…."

우물쭈물 대답하는 찰스가 여간 못마땅한 게 아니었다.

"어이구 야단났군, 다시 시작합시다!"

루시의 말에 찰스는 크게 놀라며 반문했다.

"네?"

"당신은 정말 변명의 연속이야. 계속해서 자원, 기술, 정치, 사회, 경제, 회사, 다른 프로젝트 관리자들, 당신 팀, 날씨, 그리고 당신의 부모까지 핑계로 삼고 있잖아. 도대체 이 프로젝트에 대한 책임의식이 있기라도 한거야?"

그제야 미안한 마음이 찰스는 들었던지 사과했다.

"죄송합니다. 할 말이 없군요. 이렇게까지 될지 정말 몰

CHAPTER 9

랐는데…, 히코리나무 프로젝트는 아무런 문제가 없나요?"

"찰스, 지금 히코리나무 프로젝트가 우리들의 토론 주제가 아니라고. 지금 중요한 건, 바로 당신의 자작나무 프로젝트야! 뒤쳐진 일정을 만회하고 프로젝트를 종료하는데 얼마나 시간이 더 걸릴 것 같아?"

"잘 모르겠습니다만…, 아마 4 또는 5….."

"4주 또는 5주?"

"아니오. 4개월 혹은 5개월을 말했습니다."

루시는 주가 아니고 달이라는 그의 말을 듣고 얼굴이 창백해졌다. 그런 그녀에게 나지막하게 말했다.

"아, 죄송해요. 우리의 예산에 큰 문제가 생기겠군요."

성공한 프로젝트는 위대한 유산

CHAPTER 10

포리스트 인더스트리의 정원에도 낙엽이 지고 있었다. 아름다운 풍경을 내다보면서도 루시는 마음이 침울했다. 언니가 내세우는 원칙이 옳았노라 인정하는 것도 싫었지만 언니의 성공비결이 더 마음에 들지 않았다. 몇 주 전, 히코리나무 프로젝트가 성공적으로 제품을 출시했다. 그래서 공식적으로 두 프로젝트는 종료되었다. 캘리는 어떤 말도 하지 않았다. 심지어 내기 조건에 걸어둔 금액을 받았다는 말도 없었다. 그뿐 아니라 세부사항에 대해서도 일절 언급하지 않았다. 언젠가는 프로젝트 성공을 축하하는 파티가 열리겠지만 언제, 어디서, 어떻게 열릴지 도대체 알 수 없는 노릇이었다. 루시는 게임에서 졌다는 사실보다 아무것도 모른다는 사실이 더 괴롭고 불안했다. 뒤숭숭한 마음을 가라앉히려고 정원에 산책을 나왔다. 아침 햇살이 나뭇가지 사이사이를 뚫고 들어왔다. 그 때문에 낙엽들은 오렌지, 빨강, 노랑 등의 빛깔을 띠었다.

히코리나무 프로젝트는 시장에서 폭발적인 성공을 예감하고 있었다. 샘플로 만든 제품은 산업박람회가 열리기도 전에 고객들의 관심에 몸살을 앓았다. 분야 전문가들은 모두 제품의 특징을 알아보기 위해 그곳으로 몰렸다. 드디어 출시 후, 전 세계에게 주문이 폭주했다. 히코리나무 프로젝트 팀은 계획 단계에서 이러한 경우를 대비하여 준비했기 때문에 수요에 맞도록 적절하게 생산시스템을 정비했다. 결국 연말 실적이 지난 수십 년 동안, 최고가 될 것이라는 전망이 나왔다.

CHAPTER 10

루시는 가을 공기를 들이마시며 크게 숨을 내쉬었다. 벌써 겨울을 나기 위해 이동을 준비하는 새가 나무 위에서 지저귀고 있었다. 그때, 덜컹거리는 소리가 겹쳐지면서 고막이 터질 만큼 시끄러운 엔진 음이 들렸다. 마음을 다스리며 생각에 잠겨있던 루시는 슬쩍 짜증이 났다. 예의 없는 폭주족들을 혼내주기 위해 소리가 나는 쪽으로 걸어가고 있었다. '끼익~' 루시의 앞에 낯선 오토바이가 멈췄다. 가죽 자켓을 입은 한 사람이 오토바이에서 내렸다. 헬멧을 벗은 모습을 보고 루시는 깜짝 놀라 소리쳤다.

"언니, 여기서 뭐하고 있는 거야? 나를 칠 뻔 했잖아!"

루시의 말에 개의치 않은 듯 캘리는 말했다.

"너도 이런 것 좋아하지 않니? 맞춤 '할리 데이비슨 V', 나 예전부터 이 물건 하나 가지고 싶었거든. 너에게 고마워해야겠어. 네가 찰스를 프로젝트에 임명하지 않았다면 결코 이런 물건을 사지 못했을 테니까. 너도 한번 타볼래?"

"그런 식으로 말하지 않아도 알아. 그래, 좋아, 언니가 이겼어. 그러니 그쯤 해둘래?"

루시는 이미 포기했다는 듯이 대답했고 캘리는 웃으며 말했다.

"이번 일은 평소와는 다르게 내기 그 이상이었어. 지난 시간 동안 프로젝트 관리를 위해 이번에 경험한 내용을 심사숙고해봤어. 아마 우리 모두에게 중요한 것들을 학습하는 귀중한 시간이었다고 생각해."

그럼에도 루시는 입을 삐죽대며 말했다.

"언니는 이겼으니까 그렇게 말할 수 있는 거야."

"루시, 만약 히코리나무 프로젝트가 성공하지 못했다면 우리 회사는 5년에서 10년 이내에 문을 닫았을지도 몰라. 그건 나보다 네가 더 잘 알겠지. 그 프로젝트가 우리들의 유산을 지켜주었다고. 나는 줄곧 생각했어. 내기는 둘째 치고, 두 프로젝트가 모두 성공했다면 어떤 모습일까 하고 말이야. 아마 시장 전체를 소유하게 되었을지도 몰라. 우리는 이제부터 회사의 모든 프로젝트를 어떻게 이끌어나갈 것인지 고민해야 할 시기야."

루시는 신중한 태도로 말하는 언니가 조금 낯설게 느껴졌다. 하지만 내색하지 않으려고 퉁명스럽게 말했다.

"알았어, 더 이상은 판매 사원을 프로젝트 관리자로 임명하지 않으면 되는 거지?"

CHAPTER 10

"무조건 그렇게 하라는 것이 아니야, 프로젝트 성공의 핵심요소를 간과해버리는 사람은 안 된다는 말이야. 다시 말하자면 너와 나는 이번 프로젝트를 통해 프로젝트의 성공이 성격이나 혈통, 혹은 과거에 이루었던 성공과는 아무런 상관관계가 없다는 사실을 깨달은 거야. 성공요인은 바로 프로세스에 있었어. 계획 프로세스 말이지."

가만히 듣고 있던 루시가 물었다.

"그런데, 어떻게 로버트와 그렇게 상세한 진행상황을 공유할 수 있었지? 언니는 평소에 나쁜 소식 듣는 걸 싫어했잖아. 하지만 그 프로젝트에서 버려진 서류들을 살펴보니 세세한 문제까지도 언니는 다 알고 있었던데?"

캘리는 잠시 그때의 기억을 떠올리는 듯이 피식 웃으며 말했다.

"소식을 전해주는 사람을 쏘아붙여서는 안 된다는 훈련을 혹독하게 받았지. 로버트와 벤이 문제들을 가지고 올 때, 내 역할은 그들을 나무라지 않는 것이었어. 후원자로서의 나는 그들이 스스로 해결하게끔 믿어주는 거였지. 그리고 나는 깨달았어. 그런 상황에서 사람들은 더욱 현명하게 해결하려고 노력하고, 두 번 다시는 동일한 실수를 저지르지 않는다는 것을 말이야. 프로젝트 팀이 도움을 요청하면 감정을 내세우기보다 함께 장애물을 없애기 위해 힘을 더해주었어. 즉 문제를 발견한 사람을 처벌하지 않고 믿어주면, 그 사람은 다시는 문제가 재발하지 않도록 예방하는 의지가 더 강해지더구나. 루시, 찰스에게 너무 심하게 대했다는 생각이 들지 않니?"

찰스가 프로젝트에서 손을 떼기 전 마지막 진행상황 보고 회의를 떠올리며, 루시도 시인했다.

"도움이 필요하다고 나에게 말하려고 했었지만, 약속한 제품을 만들어 내기는커녕 5백만 달러를 홀라당 날려버린 그에게 너무 화가 났었어. 아, 도와주기보다는 그의 마음에 심한 상처를 남겨주고 말았네."

"그래, 마니토바 북부로 그의 영업장을 옮겨버린 것은 너무 가혹해."

"모르지, 그곳에서 어떻게 자신의 구역을 확장하고 있을지…."

자매는 오랜만에 킥킥거리며 함께 웃었다.

CHAPTER 10

잠시 후 루시가 말했다.

"아마 그는 열심히 일하는 법을 다시 배울 거야. 그의
프로젝트 관리에 대한 태도는 정말 나를 실망시켰어."

"지금부터 내가 하는 말 기분 나쁘게 생각하지마, 루시.
어쩌면 너도 일이 그렇게까지 되도록 방치한 셈이야. 측정
가능한 프로젝트 계획이 수립되지 않으면 너 역시 프로젝
트가 어떤 상태에 있는지 알 수 없었잖아? 나에게도 그것
이 제일 어려웠어. 로버트가 계획을 세우도록 시간을 주어
야만 했고, 또 그렇게 했어. 하지만 사전에 투자한 시간 덕
분에 실행 단계에서 네가 경험했던 수많은 문제들을 미리
예방할 수 있었지."

"시간을 투자했다고? 처음 언니는 그런 상황을 답답해
하고 있었잖아. 그런데 이제는 그것이 투자라고? 약간은
모순이지 않아?"

"루시, 이제야 나도 깨달은 거야. 그들에게 배운 것이
지. 계획은 투자야. 프로젝트가 종료될 때까지 우리들이
맞닥뜨렸던 문제들과 위험들을 꼼꼼하게 살펴봐야 하는
거였어. 그리고 사전에 계획을 하지 않으면 후에 그 문제

를 해결할 때 더욱 많은 시간이 필요하게 되는 거야. 계획에 사용한 1시간이 실행 단계에서는 무려 1~2일 정도에 해당하더라고."

"그것 투자 대비 효과가 굉장히 큰데?"

루시는 벤치로 걸어가 앉았다. 캘리도 뒤따라갔다. 상쾌한 가을바람이 자매 사이에 흐르는 어색한 분위기를 녹이고 있었다. 루시가 먼저 말을 꺼냈다.

"우리 회사 프로젝트 관리 역량을 증진시키기 위해 무엇인가를 해야만 한다는 언니의 말에 동의해. 내가 어떻게 하면 될까?"

"우선, 벤을 품질관리 부서가 아닌 프로젝트 관리자로 배정해야겠어. 로버트의 탁월한 멘토가 바로 벤이었거든. 프로젝트 관리 부서로 발령만 한다면 그가 다른 프로젝트에도 많은 성과를 낼 거야. 회사에는 난관에 봉착한 프로젝트가 엄청나게 많아. 벤의 도움이 필요해. 이번 히코리 나무 프로젝트를 성공적으로 이끈 걸 보니 다른 프로젝트들 역시 잘해나갈 것 같아. 벤이 모든 프로젝트 관리자들에게 비즈니스 케이스를 작성하도록 가르치고, 우리는 필

CHAPTER 10

요한 자원을 지원하면 돼."

"그렇구나. 또 다른 것은?"

"모든 프로젝트에는 프로젝트 관리자와 후원자를 임명하고 그 의미를 명확하게 해야 해. 만약 승인된 비즈니스 케이스나 프로젝트 계획이 없다면, 작성될 때까지 중단시키고."

루시는 놀라서 입이 딱 벌어졌다.

"뭐? 프로젝트 계획을 만들기 위해서 회사의 프로젝트를 중단하라고? 머리가 이상해진 건 아니지?"

"루시, 자작나무 프로젝트가 어떻게 끝나버렸는지 기억해. 모든 프로젝트는 계획이 수립될 때까지 정지상태로 있어야 해."

루시는 잠자코 듣고 있었다.

"그리고 프로젝트 관리자와 후원자 간에 매주 진행상황 보고 회의가 있어야 해. 바로 이것을 회사 문화의 일부가 되도록 우리가 노력해야 할 부분이야. 너도 로버트의 진행상황 보고서 양식이 찰스가 만든 보고서보다 훨씬 더 낫다는 사실에 동의할거야. 프로젝트 통계는 어떠한지, 무엇을 달성했는지, 문제와 위험요소들은 무엇인지, 다음 단계 계획은 무엇인지를 매주 파악했던 것이 아주 좋았어. 그렇게 함으로써 그들과 팀원, 그리고 나에게도 일정한 수준의 책임감을 유지할 수 있도록 했지. 위험일지와 벤의 KODA 서류도 프로젝트 기간 동안 발생했던 문제들을 쉽게 해결하도록 도와주었어."

"기가 막히게 해야 할 일을 정리해주는군."

루시의 말이 끝나자 캘리는 벤치에서 일어났다. 옷을 툭툭 털면서 헬멧 하나를 루시에게 건넸다.

"자, 네게 드라이브를 시켜주겠어. 어서 타."

루시는 헬멧을 쓰고 캘리의 허리를 잡고 오토바이 뒤에 올라탔다.

"언니가 오토바이를 타고 나타날 것이라곤 전혀 예상하지 못했어. 또 하나, 이번 내기에서 로버트가 찰스를 이길 거라고도 감히 생각조차 못했었지…."

CHAPTER 10

실패를 딛고 일어서다

CHAPTER 11

“기다리고 계십니다.”

비서는 활짝 웃으며 그들을 맞이했다. 로버트와 벤은 루시의 사무실로 들어갔다. 그녀는 손을 뻗어 중앙 테이블 쪽으로 안내했다. 커피가 준비되었다. 그들은 루시가 자신들을 부른 이유를 몰라 어리둥절했다.

“먼저, 히코리나무 프로젝트의 성공에 대해 공식적으로

축하하지 못해서 불렀습니다. 축하해요. 물론 내기에 져서 유감스럽긴 하지만…."

둘은 뜻밖의 칭찬에 고맙다며 목례했다. 루시는 계속해서 말했다.

"솔직히 제가 두 분을 이곳에 모신 이유는 따로 있습니다. 바로 자작나무 프로젝트 때문인데요. 이사회에서는 쓰러진 그 프로젝트를 다시 일으켜 세워주길 바랍니다. 불행하게도 엉망이 되어버린 그 프로젝트를 어디서부터 시작해야 할지 난감하군요. 이제 회사에서 여러분들은 새로운 프로젝트 관리 전문가로 알려졌잖아요? 저 역시 두 분에게 도움을 요청하는 겁니다."

두 사람은 깜짝 놀랐다. 이미 자작나무 프로젝트는 엄청난 실패로 끝났음을 알고 있었기 때문이다. 그 프로젝트는 샘플 제품을 만들지도 못하고 5백만 달러를 허비했다. 한동안 패배감의 젖은 루시는 회사 주변에 있는 자작나무는 무조건 잘라내 버리겠다고 한 사건도 알고 있었다. 만약 히코리나무 프로젝트마저 성공하지 못했다면, 회사가 생존하지 못했을 지경이었다.

CHAPTER 11

루시와 헤어져 돌아온 벤과 로버트는 먼저 전임 관리자였던 찰스의 프로젝트 관리방법을 파악했다. 그리고 자작나무 프로젝트가 실패로 이어지지 않도록 어떤 일을 했어야 하고, 어떤 일을 하지 말았어야 하는지에 대해서도 연구했다. 두 사람은 자신들이 그 프로젝트를 맡았다면 어떻게 했을지 연구하느라 며칠 밤을 지새웠다. 그들은 자작나무 프로젝트가 구제불능일 거라는 생각보다 여전히 구조할 수 있다는 전제를 가지고 토론에 임했다. 시간이 갈수록 프로젝트 구제에도 동일한 원리가 적용할 수 있음을 깨닫게 되었다.

진행상황 회의가 있는 날이었다. 루시와 로버트, 그리고 벤은 회의실 원탁에 둘러앉았다. 먼저 벤이 농담처럼 말했나.

"SPARTA로 여행을 가볼까요?"

벤은 자신만의 머리글자를 사용하여 말을 꺼냈다. 그의 말에 루시는 궁금하다는 듯이 참지 못하고 물었다.

"무슨 말이죠? 지금 이 프로젝트를 놔두고 당신은 지중해로 떠나겠다는 말입니까?"

그때, 로버트가 벤을 감싸며 말했다.

"아닙니다, 아닙니다. SPARTA는 실패한 프로젝트를 구할 때 사용하는 방법을 일컫는 말입니다. 문자의 앞부분만 딴 머리글자이죠. 다음의 약자입니다."

로버트는 루시가 보기 쉽도록 화이트보드에 적었다.

실패한 프로젝트 구하기

Stop (중지)

Parameters (매개변수)

Assumptions (가정)

Roles (역할)

Tasks (과업)

Accountability (책임)

유심히 화이트보드를 바라보던 벤이 말했다.

"이것이 프로젝트를 정상궤도로 올려놓을 겁니다."

루시는 의심쩍다는 듯이 말했다.

"모든 것이 어리석게 보이는데, 무슨 말인지 한번 설명해보세요."

로버트는 기다렸다는 듯이 말했다.

"**중지(Stop)**는 문자 그대로입니다. 프로젝트의 모든 일은 이해관계자들이 전부 결성될 때까지 중지상태로 있어야 합니다. 만약 교통사고로 손상된 차를 그대로 방치하면 어떻게 될까요? 그 차로 인해서 다른 희생자도 계속해서 생기겠죠? 그러면 의사도 끊임없이 그들을 치료해야 하고요. 하지만 일단 사고 지역에서 차를 이동시키고 희생자 모두를 병원으로 옮기면 어떻게 될까요? 더 이상 사고는 일어나지 않겠죠? 그렇게 되면 의사는 환자들을 진단한 뒤, 치료하고 회복시키기만 하면 되는 겁니다. 동일한 원리가 프로젝트에도 적용됩니다. 새로운 프로젝트 관리자를 임명했다고 생각해보십시오. 그들에게는 손상된 부분과 앞으로 회복시킬 부분을 파악하는 데 시간이 필요하겠지요."

루시는 인정하듯 고개를 끄덕였다.

"그렇군요. 자작나무 프로젝트는 확실히 중단되었어요. 찰스를 제외하고 모든 인력들은 해고되었거나 아니면 예전의 일로 복귀했죠. 찰스는 사슴, 곰 등과 꽤 친해졌다고 하더군요."

루시의 말에 로버트는 웃으며 말했다.

"휴식기를 가지는 것도 나쁘지 않죠. 자작나무 프로젝트가 어떤 상태에서 어떻게 중단되었는지에 대해 아는 사람이 있었나요?"

"부끄럽게도 없네요. 어느 누구도 문서작성에 신경을 쓰지 않았으니까요."

"그렇다면 프로젝트 회복의 두 번째 단계인 **매개변수**(Parameter)로 넘어가야겠군요. 누군가가 자작나무 프로젝트의 범위를 재평가하고, 프로젝트 범위를 다시 정하는 비즈니스 케이스가 필요하군요."

옆에 있던 벤이 거들었다.

"그렇죠. 범위 안과 밖에는 무엇이 있는지 말이죠. 그리고 팀은 어떤 일을 하고, 어떤 일을 하지 말아야 하는지도 확실히 알고 있어야 해요. 그렇지 않으면 여태까지 다른 사람들이 한 일만을 쫓아서 하게 될 겁니다. 누군가를 따라서 일을 하게 되면 팀은 또 사기가 떨어지겠죠."

"아, 그렇군요. 여러 사항을 재조명할 필요가 있군요.
또 다른 것은 뭐죠?"

루시의 질문에 이젠 프로젝트 관리자로 거듭난 로버트
가 자신감 있게 대답했다.

"**가정**(Assumptions)입니다. 상응하는 위험들을 프로젝
트 기간 전부에 걸쳐 추측해야 합니다. 그렇게 하지 않으
면 실행 단계 동안 실제로 곤경에 처하게 되죠. 미리 준비
해두면 수많은 문제가 생기더라도 해결할 수 있을 겁니다.
이 말은 캘리에게도 수없이 말했지요. '지금 해두지 않으
면, 나중에 장애물이 될 것이다.' 잘못될 가능성이 있는
일을 미리 예측하는 것은 대단히 중요합니다. 이미 실패했
거나 휘청거리는 프로젝트를 관리할 때는 더욱 그러하죠.
그런 일은 실질적으로 무엇이 잘될 수 있는지 이해하는 데
에도 도움이 됩니다."

벤이 끼어들었다.

"**역할**(Roles)도 잊어서는 안 됩니다. 프로젝트 실패 후,
무엇이 잘못되었는지 결과보고를 하게 되면 상상할 수도
없는 비난이 쏟아집니다. 그러므로 프로젝트 팀의 역할을

확실히 정하고, 다시 정의를 내리는 것에 시간을 투자하면 팀이 실행의 궤도로 진입할 때 많은 혼란을 완화시킵니다. 저희들은 히코리나무 프로젝트를 위해 모든 이해관계자와 역할을 기재한 문서를 만들었고, 역할에 따른 그들의 기본적인 책임감을 알려주었죠. 그렇게 하면 사람들이 무엇을 해야 하는지 묻는 일은 거의 없습니다."

루시가 진지하게 물었다.

"만약 지금 당장 누가 어떤 역할을 할지 모른다면 어떡하죠? 이름을 빼버리면 되나요?"

"아닙니다, 역할에 따라 정해두는 것은 반드시 필요한 과정입니다. 무작위로 넣거나 빼서는 안 되죠. 프로젝트에 사람 이름을 배정하기 전에 먼저 프로젝트에 필요한 기술들을 나열하는 것이 우선입니다. 그 후에 정하지 못한 역할에는 '향후 결정할 것' 이라고 표시를 해놓으십시오."

로버트의 말을 가만히 듣다가 벤은 강조할 것이 있다며 말했다.

"이 단계들은 모두 반복된다는 것을 기억하세요. 당신의 역할에서 어떤 것이 발견되면 가정이나 매개변수로 돌아가서 변경할 수 있습니다. 그리고 다음으로 설명할 **과업 (Tasks)**들 중 하나를 위해 계획을 수립해야 합니다."

루시가 질문했다.

"왜 프로젝트에서 이렇게 늦게야 과업을 정해야만 하는 거죠? 가장 먼저 거론할 사항인 것으로 생각되는데."

"좋은 질문입니다. 세부적인 계획으로 들어가기 전에는 반드시 기초공사가 중요합니다. 프로젝트 실패에 연관된 많은 사람들은 아마 냉소적이고 회의적일 겁니다. 이 과정에서 당신은 프로젝트가 잘 진행되도록 진지하게 임하고 있다는 사실을 그들에게 보여주는 겁니다. 그러니까 새로운 팀과 신뢰를 구축하는 데 도움이 되는 거죠."

벤의 설명을 듣던 중 로버트가 끼어들었다.

"과업을 정하는 것은 다시 말해 프로젝트 계획의 재수립입니다. 당신은 정보를 얻기 위해 이전의 계획을 참고하실 생각이죠? 하지만 실패한 프로젝트 계획을 보면서 성공적으로 마무리하려면 사실상 힘들어요. 새로운 프로젝트 계획은 전혀 없는 것에서 시작하는 것이 일반적으로 더 낫거든요."

루시는 인정하듯 고개를 끄덕이며 말했다.

"첫 프로젝트의 결과는 참담했습니다. 솔직히 이번에 참고할 자료가 없었습니다. 그 실수로부터 참 많이 배웠습니다."

"프로젝트 회복의 마지막 단계는 가장 중요한 **책임**(Accountability)입니다. 이미 말씀 드렸지만, 프로젝트가 다시 실패하기를 기다리는 사람도 아주 많을 것입니다. 문제와 위험들을 가시화시킬 필요가 있습니다. 그렇게 하면 팀원들은 자신의 일을 반드시 완수할 책임을 가지게 될 겁니다. 팀을 동료로 만들어야만 하죠. 그렇지 않으면 다시 원점으로 돌아갈 겁니다."

벤이 마지막 단계를 정리하자, 꼼꼼하게 메모를 하던 루시는 고개를 들어 둘을 바라보며 말했다.

"좋아요, 전반적으로 모두 이해했어요. 그러면 벤, 앞으로 자작나무 프로젝트를 부탁합니다. 그리고 당신과 일할 새로운 관리자를 소개하고 싶군요."

"새로운 관리자라고요? 도대체 누구입니까?"

루시가 미소를 지으며 말했다.

"벤, 우리가 선정한 사람을 특별히 당신이 좋아했으면

합니다. 얼마 전부터 저는 몇 명의 후보들과 면담을 했습니다. 당신이 그와 함께 일하는 것에 동의해준다면 아마 이 프로젝트도 문제 없이 끝날 것입니다.”

그리고는 루시는 비서에게 걸어가서 말했다.

“자작나무 프로젝트의 새로운 관리자더러 들어오라고 하세요.”

누군가 뚜벅뚜벅 걸어 들어왔고 그 모습을 보던 벤은 입이 딱 벌어졌다. 그리고 반갑게 뛰어나가 악수를 청했다.

“이게 얼마만인가, 다트!”

그리고 벤은 로버트에게 예전 파트너였던 다트를 소개했다. 그들은 다시 파트너가 되었다. 그들이 자작나무 프로젝트를 성공적으로 끝내리란 것을 어느 누구도 의심하지 않았다. 모두는 전전히 그리고 꾸준하게 계획에 집중하면 경주에서 또 다시 승리할 수 있다고 확신했다.

옮긴이의 해제

CHAPTER 01

- "회사의 프로젝트를 진행하자."(p. 28)
- "서로가 각자의 프로젝트 관리자를 선임하면 되는 거지?"(p. 29)
- "우리 각자에게 맡겨진 프로젝트를 진행시키도록 하는 건 어때?"(p. 29)
- "히코리나무 프로젝트와 자작나무 프로젝트는 어때?"(p. 30)

상기의 대화 내용을 보면, 회사 차원에서 추진해야 할 프로젝트와 프로젝트 후원자들이 이미 선정되어 있다. 프로젝트 관리 프로세스에 비춰보면 시작 단계에 돌입한 것이지만 아직 프로젝트 관리자는 선임되지 않았다.

시작 단계에서는 프로젝트를 공식화해야 한다. 즉 제품이나 서비스 혹은 결과를 창출하기 위해 프로젝트가 탄생했다는 사실을 외부에 알리는 것이다. 그것을 공식적으로 문서화한 것이 프로젝트 헌장(Project Charter)이다. 그리고 이에 의거하여 개략적 수준의 최종 산출물 또는 제품 요구 사항 등을 적은 것이 예비 프로젝트 범위 기술서(Preliminary Project Scope Statement)다.

CHAPTER 02

- "바로 당신과 같은 사람이 리더가 되어 진행해야 한다고요. 제가 당신의 스폰서가 되겠어요. 당신이 프로젝트를 성공적으로 끝낼 수 있도록 무엇이든지 지원하겠어요. 우리는 한 팀이 되어 꼭 성공할 수 있을 겁니다." (p. 38)
- "마감시한이 언제입니까? 또 예산은 어느 정도죠? 그리

고 이 프로젝트에 저를 제외한 다른 사람도 투입됩니까?"(p. 38)

- "거의 모든 프로젝트가 납기일을 어기고, 예산은 초과되었으며, 처음 계획한 업무에 못 미치기 일쑤였죠. 그러면서도 모두 변명만 일삼고 어느 누구도 책임지려 하지 않았어요. 저는 새로운 사람과 새로운 생각이 필요합니다."(p. 39 ~ 40)
- "회사 내에 프로젝트를 많이 관리해본 사람이 있습니까? 그러니까 저를 도와줄 누군가가 말입니다."(p. 40)
- "벤이 당신에게 도움이 될 것입니다."(p. 40)

프로젝트 후원자인 캘리는 시작 단계에서 로버트를 프로젝트 관리자로 선임한다. 그런 과정에서 그녀는 팀워크를 강조하며 프로젝트 성공기준(시간, 비용, 범위)과 프로젝트 관리자 역할(프로젝트 목표 달성 책임)을 제시하고 있다. 또한 로버트의 프로젝트가 성공할 수 있도록 멘토링을 할 수 있는 벤을 팀원으로 배정하고 지원한다.

- "그리고 난 당신을 내가 맡은 프로젝트의 관리자로 선

정했어.”(p. 43)

- “찰스, 나는 성공의 전력만을 가진 사람이 필요해. …
  언니를 이길 수 있도록 날 도와주겠어?”(p. 43)

프로젝트 후원자인 루시가 찰스를 프로젝트 관리자로
선임하면서 거듭 강조하는 이야기는 예산과 마감일자 준
수다. 프로젝트 성공기준이나 프로젝트 관리자의 역할, 팀
워크 등에 대한 구체적인 언급은 없다. 그뿐만 아니라 과
거에 성공한 경험을 가진 사람이 프로젝트도 잘 할 수 있
을 것이라는 잘못된 가정에서 프로젝트 관리자를 선임하
고 있다.

CHAPTER 03

- “로버트, 당신은 비즈니스 케이스를 가지고 있습니까?”
  (p. 55)
- “비즈니스 케이스요? 그게 뭐죠?”(p. 55)
- “하지만 모든 프로젝트는 비즈니스 케이스가 필요합니
  다.”(p. 56)

비즈니스 케이스는 프로젝트 헌장과 예비 프로젝트 범위 기술서에 포함되는 내용들로 프로젝트 관리자가 명확하게 파악하고 있어야 할 내용을 정리한 것이다.

첫째, 프로젝트 관리자는 선임되자마자 추진할 프로젝트에 직·간접적으로 영향을 받게 되는 이해관계자들(Stakeholders)을 파악해야 한다. 만약 신제품을 출시하는 프로젝트인 경우에는 출시되는 제품을 구매하게 될 외부 고객, 제품 생산과 관련된 회사 내부의 부서들이 이해관계자들이다. 또한 회사의 협력업체, 각종 자원투입을 결정하는 경영층과 주주, 프로젝트를 수행할 각종 전문가들도 여기에 속한다.

둘째, 이론적 근거(Rationale)는 비즈니스를 전제로 프로젝트 선정과 기각, 그리고 우선순위를 결정하는 기준이다. 어떤 요구사항을 충족시키기 위해서 프로젝트가 탄생했는지, 실행될 경우에는 얼마나 회사의 이윤창출에 기여할 것인지를 파악하는 일이다.

셋째, 대안들(Alternatives)은 문제해결을 위해 필요하다. 비즈니스 요구사항을 충족시키기 위해 최대한 다양한 방법을 모색해야 한다. 이는 여러 가지 해결책을 도출하기 위해 필요한 부분이다.

넷째, 추천안(Recommendation)은 여러 대안들 중에 최적이 되는 대안을 말한다. 즉 비용 대비 효과, 이해관계자들의 관심과 기대치, 회사의 전략과 핵심가치 등을 이론적 근거를 토대로 선택해야 한다. 이는 비즈니스 요구사항을 충족시키고 있으므로 추천안에 따라 프로젝트의 범위가 달라질 수 있다.

다섯째, 개략적인 수준의 일정(Timeline)과 견적(Estimates)은 프로젝트 종료일자와 향후 투입될 예산을 제시하는 것으로 계획 단계와 실행 단계를 포함한 프로젝트 전체에서 가장 중요한 핵심변수다.

여섯째, 위험(Risks)은 실행 단계에서 생길 수 있는 각종 사건이나 조건들을 말한다. 즉 불확실성으로 인해 발생할 수도 있는 문제의 원인이라고 할 수 있다.

일곱째, 예/아니오 의사결정(Yes/No Decision)은 위험이 발생할 가능성이 있거나 발생했을 경우 프로젝트에 미치는 파급효과를 따져보고 프로젝트를 진행여부를 판단하는 기준을 말한다.

- 루시의 질문에 찰스는 이런 대형 프로젝트에 사소한 세부적 사항까지 지금 신경 써야 한다는 것에 짜증이 났다. (p. 74)
- "제 기억으로는 이 프로젝트에 무제한 예산이 들어간다고 당신이 말했던 거 같은데요?" (p. 74)
- "좋아, 이렇게 되었으니 견적의 수준을 말해주지. 캘리와 나는 이사회에서 500만 달러를 할당 받았어." (p. 75)

프로젝트 관리자인 찰스는 시작 단계에서 비즈니스 케이스에 포함되어야 하는 여러 요소들 중에서 오로지 이해관계자들(Stakeholders)에만 신경을 쓰고 있다. 그것도 제품을 구매할 외부고객의 관점에서만 생각하고 있다. 프로젝트 계획과 실행 단계에서 당연히 포함되어야만 할 내부고객들과 협력업체 등에 대해서는 관심을 기울이지 않고 있다. 그는 프로젝트 후원자의 요청에도 불구하고 기획하고 견적을 만드는 계획 단계에는 전혀 관심이 없다.

• "우발사건이라고요? 저에게? 그럴 일은 없을 겁니다. …
제가 이 프로젝트를 맡았는데 감히 잘못될 수 있다는 말
을 하시는 겁니까?"(p. 76)

프로젝트 관리자는 실행 단계에서 발생하게 될 각종 위
험과 변경 요청사항에 대해 시작 단계와 계획 단계에서 사
전에 치밀하게 준비하는 태도를 가져야 한다. 그런데 찰스
는 프로젝트 후원자의 조언도 무시하고 있다.

• "제 생각으로 디자인 분야에 일하는 누군가가 필요할
것 같습니다. 그리고 제조 분야에서는 두 명만 정도 있
으면 초기에 제품의 틀을 만들 수 있습니다. 기술적인
세부사항에 대해 도움을 받기 위해 프로그래머 한 명과
500만 달러를 한군데 몽땅 쓰지 않도록 도와줄 회계인
한 명도 필요하겠군요."(p. 77~78)

계획 단계의 말미에 나올 이야기가 시작 단계에서 나오
고 있다. 일반적으로 프로젝트에 인력이 투입되는 절차는
다음과 같이 진행된다. 시작 단계에서 프로젝트 범위를 개

략적으로 정의하고, 계획 단계에서는 그 범위를 보다 구체
화하여 활동(Activities) 단위까지 분할시키는 업무분할구
조(WBS : Work Breakdown Structure)를 작성한다. 작성된
업무분할구조를 토대로 각각의 분할된 업무를 처리하는
데 필요한 지식과 기량을 파악하고, 그러한 지식과 기량을
가지고 있는 사람을 회사 내외적으로 물색하여 배정한다.
그런데 찰스는 전형적인 프로젝트 관리 프로세스를 무시
하고 직감에만 의존해 시작 단계와 계획 단계를 진행하고
있다.

CHAPTER 05

- "제가 추천한 해결책에 대해 당신의 승인을 받기 전까
  지는 프로젝트를 정확하게 계획할 수 없다는 점을 염두
  에 두십시오."(p. 84)
- "캘리, 아니에요. 저희는 프로젝트의 시작과 목적에 관
  한 내용을 정리했을 뿐입니다. 조직의 관점에서 이 프로
  젝트가 훌륭한 아이디어인지 확인받고 싶습니다. 그래
  서 이 회의가 있는 이유도 계획 단계로 나갈 것인가에

대해 당신의 승인을 받기 위한 것입니다."(p. 85)

로버트는 프로젝트 시작 단계에서 계획 단계로 넘어가기 전에 확실한 의사결정을 요구하고 있다.

- "앞으로 적게는 50%, 많게는 100% 정도 차이가 날 수 있습니다. 계획 단계에 들어가면 저희가 추천한 해결책을 실행하는데 필요한 구체적인 일들을 실질적으로 정할 것입니다. 그리고 일정을 계획하고, 업무에 필요한 인력을 배치하려고 합니다. 그 후 전체적으로 얼마의 비용이 소요될 것인지 추정하고요. 계획하는 과정이 종료되면 최종적으로 소요되는 비용의 10% 이내 오차가 생기도록 노력할 것입니다."(p. 85~86)

비즈니스 케이스에서 제시한 견적이 적게는 50%, 많게는 100% 정도 차이가 날 수 있다. 하지만 계획하는 과정이 종료되면 소요되는 비용의 10% 이내 오차가 생기도록 할 것이라는 로버트의 말에서 '점진적 정교함'이라는 프로젝트 속성을 읽을 수 있다.

CHAPTER 06

- 업무의 순서를 부여하는 것과 자원, 견적 등 세부적인 사항을 계획하기 위해 로버트는 너무나 많은 시간이 필요했다.(p. 96)

그들의 프로젝트는 두 번째 단계인 계획 단계로 넘어갔다. 계획 단계에서는 먼저 시작 단계에서 설정한 프로젝트 범위(Scope)를 구체적으로 계획수립이 가능한 활동들(Activities)로 분할하는 업무분할구조(WBS)를 만든다. 그리고 작성된 업무분할구조를 토대로 분할된 업무들 간의 진행 순서를 결정하고, 각각의 업무에 소요되는 시간과 투입될 자원들을 파악하여 견적을 작성한다.

CHAPTER 07

- "실행단계에 가기 전 알아야 할 몇 가지 사항이 있습니다. … 위험과 가정의 재점검이죠."(p. 119)
- "지금까지는 잘 되었습니다. 이제는 변경사항에 대해

이야기합시다. … 아무리 계획을 잘해도 변경사항은 발생합니다."(p. 123)

- "일단 사람들에게 프로젝트 계획이 승인되었다고 말하면, 그들은 정해진 날짜에서 벗어나서 범위, 일정, 예산 등을 변경하기 시작합니다. … 일반적으로 변경을 요구한 사람이 견적을 만들도록 해야 합니다. 어떤 영향을 미칠 것인가에 대한 세부사항을 기록한 양식과 보고서를 직접 만들도록 말이죠. 그 후에 당신과 캘리가 점검을 하고 견적을 승인하거나 거부하면 됩니다. 그리고 그에 따라서 프로젝트 계획을 수정하고요."(p. 124~125)

프로젝트 관리자가 실행 단계에서 가장 역점을 두어야 하는 사항은 위험관리와 변경관리다. 프로젝트 관리자는 실행 단계로 넘어가기 전 계획 단계에서 작성한 업무분할 구조의 분할된 업무를 토대로 삼는다. 그래서 비즈니스 케이스에서 제시한 위험과 비교하면서 보다 정교하게 위험 발생가능성과 발생에 따른 파급효과를 따져봐야 한다.

또한 우려했던 위험이 실제로 발생하는 경우도 생길 수 있다. 그때를 대비하여 위험관리를 문서화해야 한다. 먼저 누구에게 알릴 것인지(Know), 누가 위험을 해결할 책임자인지(Own), 실질적으로 그 위험을 해결할 사람은 누구인지(Do), 누구로부터 조언을 받을 것인지(Advise)를 계획 단계부터 자세하게 적어야 한다.

프로젝트 범위의 변경은 시작 단계부터 종료 단계 이전까지 지속적으로 발생한다. 하지만 실행 단계에서는 주로 일정과 예산의 변경을 요구하는 경우가 많기 때문에 다시 계획 단계로 거슬러 올라가 프로젝트 계획을 수정해야 한다. 그렇게 되면 주어진 기간과 예산 범위 내라는 프로젝트 목표달성에 차질이 생길 수도 있다. 그러므로 실행 단계에서 변경관리는 프로젝트 성패를 좌우한다.

CHAPTER 08

- "전 상사에게 말해야 한다는 사실을 몰랐는데, 프로젝트 계획에 당신의 이름을 올리기만 하면 되는 것으로 생각했는데…."(p. 136)
- "5주 정도면 된다고 자네가 말했잖아. 얼마나 많이 남았어?"(p. 139)

- "그래, 95% 정도 되었으니까 걱정말라고. 아주 정교한 절차라서. 설명하기가 참으로 어려워, 다음 주에 오면 어떻겠나?"(p. 139)

계획 단계에서는 확실하게 인력이 투입되도록 이해관계자들을 파악하고 대책을 세워야 한다. 하지만 찰스는 그렇게 하지 못했다. 뿐만 아니라 작성된 업무분할구조를 토대로 견적을 만들지 않아 실행 단계에 와서 심각한 문제가 생겼다. 게다가 일정과 예산 차질이 발생했음에도 불구하고 변경과 위험을 점검하고 관리하는 통제관리도 하지 않고 있다.

CHAPTER 09

- 벤은 프로젝트 성공에서 커뮤니케이션이 차지하는 비중이 얼마나 큰지 로버트에게 강조했다. 그래서 히코리나무 프로젝트의 계획 단계를 마무리하기 전에, 로버트에게 알려주었다. 바로 SHARP(빈틈이 없는) 프로젝트 진행상황 보고서를 작성하는 기술이었다. 많은 프로젝트

관리자가 진행상황 보고서에서 단 하나의 측면에만 초점을 맞추지만 올바른 프로젝트 관리자는 다양한 관점에서 파악할 줄 알아야 한다고 설명했다. 그러기 위해서 진행상황 보고서에는 다음 다섯 가지가 들어가야 한다고 했다. (p. 145)

프로젝트를 수행함에 있어서 이해관계자들에게 진행상황을 보고하는 것과 변경과 위험을 효과적으로 점검하고 통제하는 것이 성패에 큰 영향을 끼친다.

SHARP(빈틈이 없는) 프로젝트 진행상황 보고서에서는 먼저 통계(Statistics)를 기록한다. 이것은 지금까지 시간과 비용이 얼마나 사용되었고 목표달성까지는 얼마나 남았는지를 객관적으로 보여준다. 주요 사건들(Highlights) 부분에는 프로젝트 전체에서 현재 위치를 볼 수 있도록 앞으로 진행할 주요 일정들과 최근에 승인된 범위 변경사항과 해결이 안된 사항들을 기록한다. 성취도(Accomplishments) 부분에는 지난 보고 후에 달성한 큰 업무들을 실행 주체와 완료일 그리고 실행 중에 발생한 내역 등을 적도록 한다. 위험(Risks) 부분에는 통제 단계에 해당하는 프로젝트 범위 변경에 따른 계획 변경사항을 기록한다. 그리고 발생한 주요 위험과 문제를 함께 적고, 해결책도 같이 제시한다. 예측(Projections) 부분에는 다음 진행상황 보고 때까지 수행할 일들을 상세하게 기록한다.

빈틈이 없는 진행상황 보고서를 통해 이해관계자들은 프로젝트 관리자를 신뢰하게 된다. 그뿐만 아니라 이것은 과거부터 현재까지 투입된 시간과 비용을 통계수치로 보여준다. 또한 주요 사건들과 성취도, 위험 부분을 파악하고 앞으로 목표달성까지 얼마의 시간과 예산이 남았는지도 파악하게 된다. 이 수치를 통해 프로젝트 상황을 종합적이고 입체적으로 파악할 수 있다.

CHAPTER 10

- "성공요인은 바로 프로세스에 있었어. 계획 프로세스 말이지."(p. 161)
- "측정 가능한 프로젝트 계획이 수립되지 않으면 너 역시 프로젝트가 어떤 상태에 있는지 알 수 없었잖아?"(p. 163)
- "계획에 사용한 1시간이 실행 단계에서는 무려 1~2일

정도에 해당하더라고."(p. 164)

프로젝트의 핵심 성공요인은 프로젝트 관리 프로세스, 즉 시작, 계획, 실행, 통제, 종료 단계에 있다. 시작 단계의 산출물을 토대로 계획 단계에서 측정 가능한 프로젝트 계획을 수립하는 것이다. 프로젝트 관리에서 계획 단계를 무시할 경우 실패할 확률이 높다는 이유를 "계획에 사용한 1시간이 실행 단계에서는 무려 1~2일 정도에 해당하더라"는 말이 잘 표현해준다.

CHAPTER 11

- "불행하게도 엉망이 되어버린 그 프로젝트를 어디서부터 시작해야 할지 난감하군요."(p. 170)
- "SPARTA로 여행을 가볼까요?"(p. 171)

실패한 프로젝트의 구제는 우선적 시작 단계와 계획 단계를 철저히 실행함으로써 가능하다. 먼저 프로젝트를 전면적으로 중지(Stop)시키고, 시작 단계의 산출물인 매개변

수(Parameters), 즉 비즈니스 케이스를 다시 꼼꼼하게 작성한다. 다음으로 향후 잘못될 가능성이 있는 일들을 미리 예측한 가정(Assumptions)과 위험을 빠짐없이 기록한다. 그리고 프로젝트에 투입될 팀원들의 역할(Roles)도 다시 정한다. 이 과정에서 새로운 사항들이 발견되면 시작 단계의 매개변수와 가정들을 변경한다. 그러고 나서 과업(Tasks)을 다시 정의하고, 그 과업들을 토대로 프로젝트 계획을 다시 수립한다. 마지막 단계에서는 팀원들이 자신들에게 맡겨진 일들을 책임(Accountability)지고 완수하도록 독려한다.

지은이

티모시 L. 존슨 *Timothy L Johnson*

티모시 L. 존슨은 ㈜카르페 팩텀(전 델타 프로젝트 솔루션즈)의 최고수행책임자(Chief Accomplishment Officer)이다. 그는 프로젝트 관리 분야에서 20년간 활약했고, 조직과 비즈니스 분석, 시스템 사고나 창의적 사고를 통한 회사 내 문제해결, 효율적인 팀 결성에 관해 활발한 연구 활동을 하고 있다. 티모시는 프로젝트 전문가(PMP) 자격증을 취득한 뒤, 현재 드레이크 대학*Drake University*에서 MBA과정(조직운영, 조직행동, 프로젝트 관리, 비즈니스의 창조성)을 강의하고 있다.

• www.carpefactum.com

옮긴이

송경근

한국 기업에 맞는 경영전략(비전, 핵심역량)수립과 경영혁신, 전략경영(SEM/BSC), 정보시스템(ISP/BPR) 구축 등 기업 컨설팅 프로젝트를 전문적으로 수행하는 하나컨설팅그룹의 대표컨설턴트다. ㈜화천기계공업, ㈜쿠스한트, ㈜벽산건설, 사회복지공동모금회 등의 자문을 하고 있다.

저서로는 〈올바른 리더의 조건〉과 역서로는 〈최고경영자 예수〉, 〈먼데이 모닝 리더십〉, 〈성경에서 배우는 크리스천 리더십〉, 〈태도가 이끄는 성공〉, 〈가치실현을 위한 통합경영지표 BSC〉, 〈기적의 사명선언문〉 등 다수가 있다.

• 하나컨설팅그룹 : 02-718-6101

한언의 사명선언문

Since 3rd day of January, 1998

Our Mission —· 우리는 새로운 지식을 창출, 전파하여 전 인류가 이를 공유케
함으로써 인류문화의 발전과 행복에 이바지한다.

—· 우리는 끊임없이 학습하는 조직으로서 자신과 조직의 발전
을 위해 쉼없이 노력하며, 궁극적으로는 세계적 컨텐츠 그룹
을 지향한다.

—· 우리는 정신적, 물질적으로 최고 수준의 복지를 실현하기 위
해 노력하며, 명실공히 초일류 사원들의 집합체로서 부끄럼없
이 행동한다.

Our Vision 한언은 컨텐츠 기업의 선도적 성공모델이 된다.

저희 한언인들은 위와 같은 사명을 항상 가슴 속에 간직하고
좋은 책을 만들기 위해 최선을 다하고 있습니다.
독자 여러분의 아낌없는 충고와 격려를 부탁드립니다.
· 한언 가족 ·

HanEon´s Mission statement

Our Mission —· We create and broadcast new knowledge for the
advancement and happiness of the whole human
race.

—· We do our best to improve ourselves and the
organization, with the ultimate goal of striving to
be the best content group in the world.

—· We try to realize the highest quality of welfare
system in both mental and physical ways and we
behave in a manner that reflects our mission as
proud members of HanEon Community.

Our Vision HanEon will be the leading Success Model of the
content group.